Evernote Mein Life-Management-Tool

Thomas Mangold

Erste Auflage 2013

Lektorat: Claudia Heinen
Covergestaltung: jw12792 – fiverr.com
Cover-Titelbild: © Natis – fotolia.com

ISBN-13: 978-1492360230
ISBN-10: 1492360236

Inhaltsverzeichnis

1 Einleitung

Ein herzliches Willkommen, ich freue mich, dich bei der Einleitung zu diesem Buch begrüßen zu dürfen.
In dieser Einleitung möchte ich dir ein paar grundlegende Dinge zu diesem Buch mitteilen und dir einen kurzen Überblick geben, was dich in diesem Buch erwartet.

1.1 Warum ausgerechnet Evernote?

Warum ich ausgerechnet über Evernote ein Buch schreibe (eigentlich ist es ja schon das zweite Buch) und warum Evernote mein Life-Management-Tool ist, kann ich dir ganz leicht erklären. Evernote deckt so viele Möglichkeiten und Optionen ab, dass du nahezu ohne jegliche andere Tools auskommst.
Ich persönlich nutze Evernote für meine To-do-Listen, meine Projekte, mein Privatleben, meinen Beruf, meine Freizeit und meine sportlichen Aktivitäten. Über einige dieser Punkte werde ich dir in diesem Buch genauere Auskunft geben.
Außerdem habe ich ein Video gedreht, in dem ich dir erkläre, warum ich Evernote so liebe. Ich empfehle dir, bevor du dieses Buch zu lesen beginnst, dieses Video anzusehen.
Hier der Link dazu:
http://selbst-management.biz/tool-tipp-evernote-die-geilste-app-der-welt/

1.2 Was ist das Ziel?

Was will ich mit Evernote erreichen? Für mich gibt es vier Ziele, die ich mit Evernote umsetzen will:

- Unerledigte Dinge, die an der Aufmerksamkeit zehren, sinnvoll ablegen zu können.
- Dinge, die ich vielleicht wieder einmal brauchen könnte, in Evernote ablegen zu können.
- Möglichst papierlos zu arbeiten.
- Alle abgelegten Dinge möglichst schnell wieder zu finden.

Vielleicht kennst du ja dieses Gefühl, dir schwirren Hunderte Dinge im Kopf herum, Dinge, die du noch erledigen musst, Dinge, die du dir merken musst, und Dinge, die du auf gar keinen Fall vergessen darfst. All das zehrt natürlich an der Aufmerksamkeit. Denn schwirren dir diese Hunderten Dinge ununterbrochen im Kopf herum, kannst du dich nur schwer auf eine einzige Aufgabe fokussieren.

D. h., du benötigst einen Ort, an dem du diese Dinge ablegen kannst, sie aber trotzdem nicht aus den Augen verlierst. Evernote ist für mich der geeignete Ort dafür.

Außerdem verwende ich Evernote, um Dinge, die ich vielleicht wieder einmal brauchen könnte, abzulegen.

Das können Gebrauchsanweisungen für diverse Geräte sein, Anleitungen oder Tutorials, wie man bestimmte Probleme löst, diverse Unterlagen zu meinen Projekten, von denen ich nicht weiß, ob ich sie nicht doch noch einmal brauchen könnte, oder einfach alte Trainingsprogramme, die ich vielleicht wieder einmal verwenden will.

Der Mensch ist ein Sammler, von vielen trennen wir uns nur sehr schwer. Vor allem, wenn man das Gefühl hat, die betreffenden Unterlagen noch einmal brauchen zu können. Immer wenn dieses Gefühl in mir aufkommt, dann verstaue ich die betreffenden Informationen in Evernote. Dort liegen sie dann, bis ich sie wieder gebrauchen kann oder bis ich zum Entschluss komme, sie nicht mehr zu brauchen und damit löschen zu können.

Evernote dient für mich aber auch dazu, möglichst papierlos zu arbeiten. Während ich früher Informationen von Webseiten, PDF-Dokumenten oder Office-Dateien ausgedruckt habe, um sie ablegen zu können, so nutze ich jetzt Evernote, um sie abzuspeichern. Das hat zweierlei Vorteile: Einerseits schone ich damit die Umwelt und andererseits auch meine Geldbörse (nämlich die Kosten für Papier und Druckerpatronen).

Aber was nutzt das beste und effizienteste Ablagesystem, wenn ich die abgelegten Dinge nicht schnell genug wiederfinde. Auch dafür ist Evernote optimal, denn die Suchfunktion von Evernote sucht seinesgleichen.

Du siehst also, mit Evernote hast du jede Menge Vorteile und du verstehst jetzt vielleicht, warum ich dieses Tool so liebe.

1.3 Am System scheitert es

Erfassen, Organisieren, Durchführen!

Genau das ist der Ablaufplan, an den ich mich halte. Zu allererst musst du, wenn du ein neues Ablagesystem installieren willst, alle Dinge (noch) einmal erfassen.

Klarerweise ist das natürlich ein Zeitaufwand, aber dieser Zeitaufwand wird sich sehr schnell lohnen. Nachdem du nun also alles erfasst hast, musst du im nächsten Schritt alles organisieren. Das ist genau jenes Detail, an denen die meisten scheitern.

Von einer guten Organisation hängt es nämlich ab, ob du effizient und produktiv arbeiten kannst. Bist du perfekt organisiert, wird das Durchführen der Arbeiten zum Kinderspiel.

Aber jetzt bitte aufgepasst!
In diesem Buch werde ich dir mein System vorstellen, also jenes System, das ich verwende und das für mich am effektivsten ist! Das muss jetzt nicht unbedingt heißen, dass dieses System auch optimal zu dir passt.

Ich bin der Meinung, es gibt kein optimales System, das für alle passt. Ein Arzt hat andere Bedürfnisse als ein Sachbearbeiter und eine Hausfrau hat andere Bedürfnisse als ein Student.
Was du hier aber sehr wohl kannst, ist dieses Buch als eine Art Selbstbedienungsladen zu sehen. Indem ich dir zeige, wie mein System optimal funktioniert, wirst du sicher sehr schnell herausfinden, welche Details für dich wichtig sind, welche unwichtig sind und welche du ändern musst.

Ich schlage dir vor, zunächst einmal alles auszuprobieren. Übernimm einfach mein System und im Laufe der Zeit kannst du es dann deinen Bedürfnissen anpassen.
Hier geht es einfach darum, Ideen zu bekommen, wie der optimale Ablauf aussehen könnte.

1.4 Woher die Ideen zu diesem System stammen

Vielleicht geht es dir jetzt so, wie es mir damals auch ging. Ich war ziemlich chaotisch, hatte kein organisiertes Ablagesystem und war meist mit der Suche nach den richtigen Unterlagen beschäftigt.

Als ich das Tool Evernote zum ersten Mal in die Hände bekam, wusste ich nicht wirklich viel damit anzufangen. Erst als ich einen Blogartikel im Internet gelesen habe, durchschaute ich die Macht dieses Tools.

Das Problem daran ist nur „a fool with a tool is still a fool". Und genau das traf auf mich zu. Also begann ich mich vor geraumer Zeit intensiver damit zu beschäftigen.
Je tiefer ich in die Materie eindrang, umso klarer wurde mir, wie ich Evernote optimal nutzen konnte.

Eine wirklich große Hilfe dabei war mir das Buch von David Allen „Wie ich die Dinge geregelt kriege - Selbst-Management für den Alltag".

Viele seiner Ideen habe ich ausprobiert und an meine Bedürfnisse angepasst. Als David dieses Buch geschrieben hat, war das Computerzeitalter noch in den Kinderschuhen. Und genau das ist der Grund, warum ich dir dieses Buch unbedingt ans Herz lege. Er beschreibt nämlich darin auch, wie du dein Leben offline optimal organisieren kannst.

Außerdem möchte ich meinen Freunden, meiner Mastermind-Gruppe und meinen Blogger-Kollegen, die ebenfalls alle Evernote nutzen, für ihre wertvollen Tipps danken.

Aus all diesen Informationen, Tipps und Tricks habe ich mein optimales System zusammengestellt. Und jetzt will ich dich nicht länger auf die Folter spannen, sondern dir mein System vorstellen.

1.5 Lerne Evernote genau kennen

Eines ist dieses Buch nicht, ein Handbuch oder eine Anleitung für die technischen Elemente von Evernote. Dieses Buch setzt voraus, dass du dich mit der Handhabung und den Funktionen von Evernote bereits gut auskennst.

Tust du das noch nicht, dann empfehle ich dir mein erstes Buch über Evernote, wo es ausschließlich um solche Dinge geht. Dieses Buch findest du als Kindle-Version bei Amazon und es heißt „In 60 Minuten zum Evernote Experten".

Der Kauf dieses Buches ist aber nur notwendig, wenn du dieses Tutorial in schriftlicher Form haben willst. Denn in diesem Buch inkludiert ist ein gratis Evernote-Videokurs. Mehr dazu erfährst du am Ende des Buches!

Dort findest du technische Details, Tipps und Tricks zur technischen Umsetzung und die gesamten Grundlagen zu Evernote.

2 Die Grundausstattung

Um mein System umsetzen zu können, benötigst du ein paar Dinge, die zu deiner Grundausstattung gehören sollten.

Dabei handelt es sich um Dinge, die für die Umsetzung dieses Systems unbedingt notwendig sind. Daher solltest du so schnell wie möglich schauen diese Dinge zu bekommen. Ich werde sie hier in diesem Buch nur allgemein beschreiben und dir keine speziellen Marken oder Geräte vorstellen.

Das mache ich schlicht und einfach aus dem Grund, weil sich die Technik so schnell weiterentwickelt, dass ich nicht jedes Mal eine neue Version dieses Buches erstellen kann. Als Alternative schlage ich dir aber vor, einfach auf diese Internet-Seite in meinem Blog zu schauen, dort werde ich immer die aktuellsten Geräte und Utensilien online stellen:

http://selbst-management.biz/ordnung-schaffen-die-grundausstattung/

2.1 Alles in Reichweite

Beginnen wir einmal mit dem Dreh- und Angelpunkt, dem Schreibtisch. Welches Modell, wie er aussehen soll, welche Farbe oder welche Form bleibt vollkommen dir überlassen. Achte aber darauf, dass er über genügend Arbeitsfläche verfügt.

Der Schreibtisch stellt den Dreh- und Angelpunkt dieses Systems dar. Von ihm aus solltest du alle Geräte und Dinge, die ich hier in der Folge beschreibe, ohne dich wegbewegen zu müssen, erreichen.

Das ist ein absolut wichtiges Kriterium, bei dem du keinerlei Kompromisse eingehen darfst.

Idealerweise solltest du auch genug Stauraum haben. Als Beispiel habe ich dir hier unterhalb ein Foto von meinem Schreibtisch abgebildet.

Du siehst also, bei mir ist es nicht überordentlich, aber alles hat ein System, und wenn ich etwas suche, finde ich das binnen weniger Sekunden. Außerdem habe ich alles, was ich brauche, in Reichweite!

2.2 Ablageboxen

Ich habe zwar in der Einleitung davon geschrieben, dass ich mit Evernote möglichst papierlos arbeite, allerdings ist das nicht immer möglich.
Daher benötigst du auch Ablageboxen. Einerseits für Material, das du benötigst, um dieses System umzusetzen (Hilfsmaterial), und andererseits für alles, was du offline aufheben musst, also nicht in Evernote speichern kannst oder willst.

2.3 Papier, Blöcke, Schreibwaren

Für mich die sogenannte Brücke zwischen online und offline. Denn wie oft kommt es vor, dass du gerade nicht vor dem PC sitzt, aber eine gute Idee hast.
Gut, jetzt kannst du sagen, dann hab ich ja immer noch mein Smartphone und da kann ich es ja auch in Evernote speichern. Stimmt natürlich, trotzdem gibt es Situationen, in denen es vielleicht nicht so ist.
Ich habe zum Beispiel oft sehr gute Ideen (und jetzt bitte ja nicht lachen) auf dem WC. Vielleicht bist du der Typ, der sein Smartphone auf das stille Örtchen mitnimmt, ich eher nicht. Dafür habe ich da Block und Druckbleistift liegen.

Ein weiterer Ort, an dem ich sehr kreativ denken kann, ist das Bett. Auch da habe ich mein Handy nicht dabei. Oft kommen mir vor dem Einschlafen gute Ideen, und die notiere ich dann auf einem Block oder einem Blatt Papier.

Zu diesem Zeitpunkt, an dem ich dieses Buch schreibe, hat es in Wien gerade 34 °C, also Badewetter. Auch ins Bad nehme ich mein Handy nicht mit. Dafür wieder Block und Druckbleistift, um auch dort meine Ideen notieren zu können.

Diese Beispiele zeigen dir also, dass es Orte gibt, an denen du gerade nicht vernetzt bist. Und für diese Orte brauchst du Papier und Schreibwaren.

Ich empfehle dir kompakte Blöcke, denn mit denen kannst du auch ohne Unterlage oder Tisch gut schreiben (WC oder Bett). Außerdem empfehle ich dir einen Druckblei.
Du kennst sicher das Problem von Kugelschreibern, wenn du einen Zettel oder Block oft in der Hand hast, bildet sich darauf eine kleine Fettschicht.
Der Kugelschreiber schreibt dann nicht mehr ordentlich, ein Druckbleistift aber schon.

Ich habe eigentlich in jedem Raum meiner Wohnung Druckbleistifte und Blöcke deponiert, außerdem auch noch in allen Rucksäcken und Taschen, sollte ich mal auswärts unterwegs sein.

Wie du diese Zettel dann in Evernote integrierst, fragst du dich jetzt? Dafür gibt es vier Möglichkeiten:

- abtippen,
- als Audio aufsprechen,
- abfotografieren oder
- scannen.

2.4 Scanner-, Drucker-, Kopierer-Multifunktionsgerät

Gut, hierbei handelt es sich um eine größere Anschaffung. Trotzdem würde ich nicht dabei sparen, denn hier sind einige Punkte zu beachten, um mit diesen Geräten gut und schnell arbeiten zu können. Wie gesagt, auf meinem Blog werde ich dir regelmäßig die besten Geräte vorstellen, aber wenn du selbst danach suchen willst, dann würde ich einige Punkte dabei beachten:

Duplex-Drucker:
Auf dem Weg zum papierlosen Büro sicher das Richtige, denn wenn du schon drucken musst, dann wenigstens geld- und umweltschonend.
Also warum sollte man nicht beide Seiten eines Blattes Papier bedrucken.
Das kannst du zwar auch ohne Duplex-Einheit, allerdings ist es nicht gerade produktiv, wenn man jedes Mal zum Drucker rennen, die Zettel wieder umdrehen und neu einlegen muss.

Da würde ich lieber ein paar Euro mehr in eine Duplex-Einheit investieren.

Duplex-Scanner:
Noch wichtiger als beim Drucker auf eine Duplex-Einheit zu achten, ist es, beim Scanner eine zu haben. Wie oft bekommst du beidseitig bedruckte Texte, Berichte und Protokolle und vor allem Briefe in die Hand. Sehr oft nehme ich an.
Wenn du Evernote als dein Ablagesystem nutzen willst, dann benötigst du unbedingt einen Duplex-Scanner. Stell dir einfach mal vor, wie viel Zeit es kostet, ein Blatt in den Scanner einzulegen, auf Scannen zu klicken, warten, bis er fertig ist, das Blatt umdrehen und wieder auf Scannen zu klicken.
Und das bei Hunderten, vielleicht Tausenden Blättern. Du siehst also, ein Duplex-Scanner ist ein absolutes MUSS!
Ich kann bei meinem Gerät bis zu 100 Blätter einlegen und der Scanner scannt vollautomatisch Vorder- und Rückseite in der richtigen Reihenfolge.

WLAN-, Wi-Fi-Drucker:
Auch bei dieser Funktion würde ich nicht sparen, denn erstens ersparst du dir den Kabelsalat und zweitens kannst du so problemlos und ohne Umstecken von mehreren Geräten aus Drucken und Scannen. Also beispielsweise vom PC, Laptop, ja sogar vom Tablet-PC und vom Smartphone aus.
Auch wenn mehrere Leute in einem Büro oder Haushalt sind, zahlt sich so ein Gerät allemal aus. Bei den meisten Geräten gehört diese Funktion aber ohnehin schon zur Grundausstattung.

Kopier- und Fax-Funktion:
Bei den meisten dieser Multifunktionalgeräte ohnehin schon dabei. Ist jetzt für das Ablagesystem mit Evernote nicht unbedingt erforderlich, kann aber im Alltag trotzdem ganz nützlich sein. Ich möchte beide Funktionen nicht mehr missen.
Alle anderen Funktionen (ob Laser- oder Tintenstrahldrucker und Ähnliches) tun nichts zur Sache und kannst du nach eigenem Ermessen auswählen.

2.5 Altpapier- und Müll-Eimer

Darauf möchte ich nicht weiter eingehen, weil ich davon ausgehe, dass so etwas ohnehin in jedem Haushalt bzw. Büro vorhanden ist. Es sei nur der Vollständigkeit halber erwähnt.

2.6 Hüllen und Mappen

Wie schon erwähnt, du wirst trotz aller Bemühungen nicht alles online speichern können. Gewisse Dinge werden auch offline gesammelt werden müssen.
Daher empfehle ich dir auch einen Grundvorrat an Hüllen und Mappen. Beispiele dazu findest du ebenfalls in meinem Blog.

2.7 Diktafon (optional)

Wozu das, wirst du dich vielleicht fragen? Nun, darauf gibt es eine ganz einfache Antwort. Ich höre gerne Podcasts oder Hörbücher, wenn ich mit dem Auto unterwegs oder auf Reisen bin. Da der Podcast oder das Hörbuch auf dem Handy läuft, möchte ich nicht immer zwischen Evernote und dem Podcast-Programm switchen. Daher habe ich mir ein Diktafon zugelegt.
Das nutze ich aber auch bei Seminaren, Fortbildungen und für Interviews. Es hat für mich also einen absoluten Mehrwert.
Auf eine billige Alternative hat mich ein guter Freund gebracht. Er benutzt einfach sein altes Smartphone als Diktafon für solche Situationen.

2.8 Grundausstattung ein sinnvolles Investment

Ich weiß natürlich, dass man in diese Grundausstattung ein wenig investieren muss. Trotzdem würde ich bei diesen Geräten und Utensilien nicht sparen und vor allem auf Qualität achten.
Hast du ein funktionierendes System (und dazu gehört eine optimale Grundausstattung eben), wird dich das produktiver machen.
Musst du dich immer wieder mit Geräten oder Utensilien herumärgern, wird dich das in deiner Konzentration stören und fokussiertes Arbeiten wird nur sehr schwer möglich werden.

3 Die INBOX

So, jetzt geht es aber endgültig los, versprochen. Mein System besteht ja wie schon erwähnt aus den Punkten:

- Erfassen
- Organisieren
- Aus- bzw. Durchführen

Die INBOX gehört eindeutig zur Kategorie **Erfassen**. Ich habe genau genommen sogar drei Inboxen.
Einerseits meine Inbox in Evernote, einen Eingangskorb für physische Dinge, wie Dokumente, Briefe und Ähnliches, sowie meine Diktafon-Aufnahmen, die sich in dem Speicher meines Diktafons befinden.
In diesen drei „Behältnissen" landet alles, was irgendwie und irgendwann meine Aufmerksamkeit auf sich ziehen könnte. Zum besseren Verständnis hier ein paar Beispiele.

3.1 Der Eingangskorb

Wie schon erwähnt, ist der Eingangskorb für alle physischen Dinge der erste Sammelort. Dort landen unter anderem:

- Versicherungspolicen
- Rechnungen
- Briefe

- Abrechnungen
- Zeitungsartikel
- Protokolle
- Berichte
- handschriftliche Notizen von meinen Blöcken
- und was sonst noch so alles offline daher kommt.

3.2 Die Inbox von Evernote

Im Prinzip handelt es sich hierbei um das Standard-Notizbuch von Evernote. Bei deiner erstmaligen Anmeldung hat das deinen Usernamen als Bezeichnung, also zum Beispiel „Thomas' Notizbuch".
In einem ersten Schritt benenne ich das sofort in „!!!INBOX" um. Die drei Ausrufezeichen dienen einfach dazu, das Notizbuch ganz oben in meiner Notizbuchliste zu halten, Sonderzeichen werden nämlich vorgereiht, erst dann werden die Notizbücher nach Alphabet geordnet.

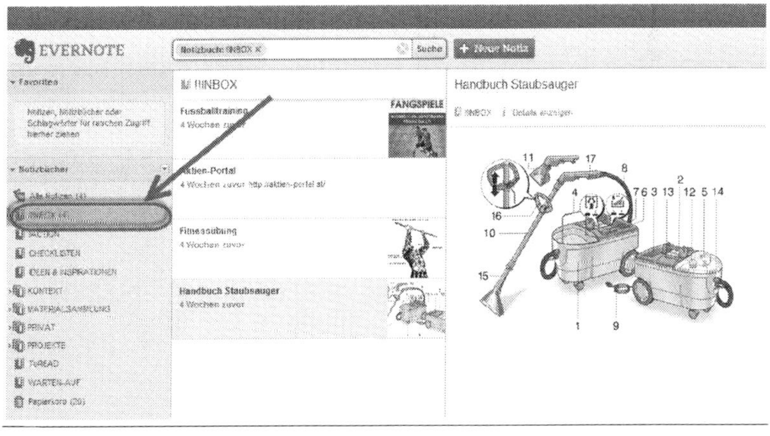

In dieser INBOX können wiederum unterschiedliche Arten von Notizen landen:

3.3 Notizen

Notizen können in vielfältiger Form in Evernote gespeichert werden. Einen Großteil davon werde ich mit den hier folgenden Beispielen vorstellen:

Eingetippte Notizen:
Oftmals sitze ich vor dem PC und arbeite oder recherchiere zu gewissen Themen. Dabei habe ich eine Idee oder finde eine Information, die für mich noch wertvoll sein könnte, also nichts wie ab zu Evernote und die Infos sofort dort eintippen.

To-do-Listen:
Auch dafür ist Evernote optimal geeignet. Ich erstelle alle meine To-do-Listen (täglich, wöchentlich, monatlich, Einkaufsliste usw.) mit Evernote. Ich werde dir im hinteren Teil des Buches noch einige meiner Listen genauer vorstellen.
Wenn du dich in den Newsletter zu diesem Buch einträgst, bekommst du von mir eine E-Mail, in der ich dir erkläre wie du an meine Evernote-ToDo-Listen-Vorlagen kommst:

http://selbst-management.biz/bonusmaterial-emlmt/

Links aus Twitter, Facebook und NewsReadern:
Es kommt mittlerweile täglich mehrmals vor, dass ich auf Facebook, Twitter oder Feedly unterwegs bin und auf interessante Infos stoße. Oft habe ich in dem Augenblick gerade keine Zeit, mir diese Informationen näher anzusehen. Also nichts wie ab damit in die Inbox von Evernote.
Die meisten Smartphones haben mittlerweile schon die Möglichkeit Informationen zu „teilen". Hast du dann die App Evernote auf deinem Smartphone installiert, kannst du die Info binnen Sekunden zu Evernote kopieren.

Ganze E-Mails an Evernote weiterleiten:
Was für Facebook, Twitter und Co gilt, das hat natürlich auch für E-Mails seine Gültigkeit. Ich kommuniziere zum Beispiel in meiner Tätigkeit als Sport-Mentaltrainer sehr oft auch via E-Mail mit meinen Klienten.
Natürlich möchte ich mir diese Korrespondenzen auch in Evernote sichern. Das funktioniert ganz einfach via Webclipper oder mit der Weiterleitungsfunktion an die Evernote-E-Mail-Adresse.

Ganze Webseiten speichern:
Ich lese sehr gerne Blogs zu Themen, die mich interessieren. Allerdings mache ich das lieber zu sogenannten toten Zeiten (also zum Beispiel auf Reisen, in den öffentlichen Verkehrsmitteln, in Wartezimmern und Ähnlichem).

Heraussuchen tu ich mir diese interessanten Artikel allerdings vor dem PC. Ich nehme mir einfach einmal pro Woche Zeit, zu meinen Lieblingsthemen zu recherchieren. Finde ich eine entsprechende Webseite oder einen entsprechenden Artikel, dann speichere ich ihn mit dem Webclipper in Evernote.
Bin ich dann mal mit den öffentlichen Verkehrsmitteln unterwegs, rufe ich mir diese gespeicherten Seiten auf und lese sie.Selbiges gilt natürlich, wenn ich zu meinen laufenden oder geplanten Projekten recherchiere.

3.3.1 Sprach-Notizen

Natürlich hast du in Evernote auch die Möglichkeit Sprachnotizen aufzusprechen. Das bedeutet, anstatt zu tippen, einfach den Text in das Mikro des Smartphones zu sprechen. Beispiele hierfür können sein:

Längere Texte:
Dir fällt gerade extrem viel zu einem Thema ein. Wenn du das langsam abtippen würdest, verlierst du vielleicht den Faden, außerdem ist es mühsam. Also ein-fach aufsprechen.

Interviews:
Das müssen jetzt nicht Interviews wie im TV oder im Radio sein. Aber mir hat ein Kollege zum Beispiel unlängst erklärt, wie ich es schaffe, ein Problem mit dem Programm „Wordpress“ zu lösen.
Ich habe ihn darum gebeten, ihn aufnehmen zu dürfen, wenn er den Vorgang erklärt.

Sollte das Problem dann noch einmal auftreten, kann ich mir seine Schilderungen jederzeit abrufen.

Radiosendungen:
Eine meiner Lieblingssendungen im österreichischen Radio ist „Frühstück bei mir" auf Ö3. In dieser Sendung werden immer wieder Persönlichkeiten eingeladen und interviewt. Oft lasse ich bei diesen Interviews Evernote mitlaufen und verarbeite die Aufnahme später weiter.

Podcasts:
Ich höre sehr gerne zum Frühstück Podcasts. Interessiert mich eine Passage dabei besonders, dann spreche ich sie in Evernote auf.

3.3.2 Fotografien

Das sind dann eben einfach die Dinge, die du der Einfachheit halber abfotografierst. Wenn du die Premium-Version von Evernote besitzt, hast du den Vorteil, dass die Suchfunktion auch Schriftzeichen auf Bildern erkennt.

Hier ein paar Beispiele:

Ordinationsöffnungszeiten:
Zum Glück bin ich nur sehr selten bei einem Arzt, wenn ich dann aber zur Abwechslung mal einen benötige, muss ich erst immer mühsam seine Ordinationszeiten herausfinden. Seit ich Evernote nutze, ist das nicht mehr nötig.

Einmal das Schild an der Eingangstür abfotografiert, in Evernote gespeichert und schon brauche ich nur noch den Namen des Arztes eingeben und sofort erscheinen die Öffnungszeiten auf meinem Display.

Zeitungsartikel:
Oftmals sitze ich in meinem Lieblings-Café und lese gemütlich eine Zeitung oder ein Magazin. Ab und zu sind ja auch in solchen Medien ganz brauchbare Artikel oder zumindest Ideen und Zitate. Gefällt mir eines, zücke ich mein Smartphone, fotografiere es ab und schon landet es in der Evernote-Inbox.

Visitenkarten, Prospekte:
Auf Seminaren und Fortbildungen wirst du oft mit Visitenkarten überhäuft. Wenn ich interessiert bin, fotografiere ich sie ab und schon brauche ich mir keine Gedanken mehr machen, wo ich sie verstauen soll.
Oder die Speisekarte deiner Lieblingspizzeria. Abfotografieren, schon auf dem Heimweg am Smartphone schauen, was du heute zu Abend essen willst, anrufen und bestellen. Dann kommt die Pizza fast zeitgleich mit dir nach Hause.
Das funktioniert aber nicht, wenn das Prospekt des Pizzalieferanten bei dir daheim in der Küche liegt

Fotos:
Das gilt natürlich für alle Fotos, die du mit dem Smartphone aufnimmst. Jedes einzelne davon kannst du in Evernote sichern.
Egal ob auf Reisen oder auf Fortbildungen, in denen du die Tafel oder eine Powerpoint-Folie abfotografierst.

Du siehst also die Einsatzmöglichkeiten mit der Fotofunktion sind vielfältig.

3.4 Diktafon

Meine dritte Inbox ist mein Diktafon. Dort landen ähnliche Dinge wie in der Sprach-Notiz von Evernote. Mittels USB kann ich diese Notizen dann auch nach Evernote übertragen. Allerdings bringt hier mein Diktafon einen entscheidenden Vorteil:

Da ich auch sehr viel mit Spracherkennungssoftware arbeite (Teile dieses Buches sind eigentlich nicht getippt, sondern eingesprochen), kann ich die Audio-Dateien meines Diktafons zuerst durch diese Spracherkennungssoftware laufen, denn dann habe ich die Notizen automatisch auch in schriftlicher Form.

Weitere Infos dazu findest du auf:

http://spracherkennungssoftware.biz/

3.5 Wichtig: regelmäßig leeren

Du kennst das vielleicht von deinem E-Mail-Posteingang. Wenn da steht 635 gelesene Nachrichten, oder noch schlimmer ungelesene Nachrichten, dann machst du was falsch.

Und genau so ist es auch bei diesen Eingängen. Wenn du die da gespeicherten oder abgelegten Informationen nicht weiterverarbeitest, dann wird dir das auch nichts nutzen.
Irgendwann wird dann nämlich die Eingangsbox so voll sein, dass nichts mehr reinpasst, die Inbox in Evernote zugepflastert sein und der Speicher des Diktafons komplett voll sein.

Also wichtig: regelmäßig alles leeren.

Ich halte hier folgende Intervalle ein:

- Eingangskorb: 1x wöchentlich
- Diktafon: 1x wöchentlich
- Evernote INBOX: täglich
- E-Mail-Posteingang: täglich

Einmal wöchentlich (Samstag) mache ich mich über den Eingangskorb her. Dann werden alle Rechnungen, Berichte, Briefe, Dokumente und was sonst noch alles darin gelandet ist, weiterverarbeitet. Das meiste davon landet in gescannter Form in Evernote, einiges findet sich auch im Altpapier-Korb wieder und Teile davon hefte ich in meinen Mappen ab.

Ebenso verfahre ich mit dem Diktafon. Ausnahmen sind natürlich Dinge, die früher erledigt werden müssen. Diese Dinge mit Priorität gebe ich dann erst gar nicht in den Eingangskorb, sondern die landen gleich neben der Tastatur, um bei nächster Gelegenheit abgearbeitet werden zu können.

Sowohl die Evernote-INBOX als auch der E-Mail-Posteingang werden täglich geleert. Entweder am Abend bevor ich den PC oder das Laptop ausschalte, oder allerspätestens am Tag darauf in der Früh.

3.6 Die INBOX –der Verschiebebahnhof

Wichtig ist, dass sich die Notizen so kurz wie möglich in der Inbox aufhalten. Hier sollen sie nur kurz gesammelt und dann sofort weiterverarbeitet werden.
Die Aufgabe der Inbox ist also mit jener eines Verschiebebahnhofs vergleichbar.
Ihre Aufgabe ist das Sammeln, Sortieren und dann die sofortige Weiterleitung.

Es gibt allerdings eine einzige Ausnahme:
Es gibt Aufgaben, deren Erledigung schneller, oder zumindest gleich lange dauert, als wenn du sie in einen anderen „Bahnhof" weiterleiten würdest. Diese Aufgaben musst du sofort erledigen.
Ich habe mir hier einen Zeitrahmen von drei Minuten gelegt. Alles, was ich binnen drei Minuten erledigen kann, das passiert in der Regel sofort.

Einige Beispiele gefällig:

Anrufe, E-Mails:
Dabei geht es meist um kurze Anrufe, um Informationen einzuholen. Oder kurze E-Mails, die du einfach schnell beantworten kannst.

Bestellungen:
Schnell mal was bei Amazon bestellen oder in anderen Webshops.

Recherchen:
Telefonnummern oder E-Mail-Adressen herausfinden und dergleichen mehr.
Du siehst also, alles Dinge, die sehr schnell zu erledigen sind. Alle diese Dinge solltest du auf alle Fälle immer sofort erledigen, denn in diesen Fällen wäre der Aufwand für die Weiterverarbeitung einfach zu hoch.
Soweit also alle wichtigen Infos zur Inbox. Jetzt gehen wir dazu über jene Notizbücher zu definieren, in die wir jene Nachrichten, die in der Inbox landen, weiterverschieben. Wir gehen also vom Erfassen über zur Organisation.

4 Meine Ideen und Inspirationen

In dieses Notizbuch kommt alles rein, das du zukünftig, vielleicht, irgendwann einmal umsetzen willst.

Ein paar Beispiele gefällig?

- Mein Ziel ist es zum Beispiel, unbedingt einmal eine Mittelmeer-Kreuzfahrt zu unternehmen. Heuer komme ich aber aufgrund meiner Seminar-Tätigkeit nicht mehr dazu. Also ist diese Notiz ausgezeichnet im Notizbuch Ideen & Inspirationen aufgehoben.

- Dieses Buch hier, das du im Moment gerade liest, fand zum Beispiel seinen Ursprung in diesem Ordner. Die Notiz zu dieser Buch-Idee lag sogar über ein halbes Jahr in diesem Ordner.

- Was liegt da im Moment noch in diesem Notizbuch? Nun, ich habe gerade damit begonnen, meinen ersten **Podcast zum Thema Selbst-Management** zu veröffentlichen. Davon inspiriert liegt nun in diesem Ordner eine Notiz mit der Überschrift „Podcast zum Thema Sport-Mentaltraining erstellen".

- Es finden sich aber auch einige Buchtitel in diesem Notizbuch. Das sind jene Bücher, die mir irgendwo (Werbung, Zeitungsartikel, Empfehlungen von Vortragenden oder Freunden bzw. Rezensionen) über den Weg gelaufen sind und die ich vorhabe irgendwann einmal zu lesen.

- Selbiges gilt für Seminare, die ich einmal besuchen will. Aber auch für E-Learning-Kurse, DVDs, oder alles Weitere, was die Fortbildung und Freizeit betrifft.

- Und zu guter Letzt, auch das will ich hier noch erwähnen, liegen in diesem Notizbuch einige Koch-Rezepte, die ich irgendwann einmal ausprobieren will.

Du siehst also, in dieses Notizbuch kommt alles, was du vermutlich irgendwann einmal umsetzen willst. Es ist aber noch nicht der geeignete Zeitpunkt, um mit diesen Notizen schon in die Planung, geschweige denn in die Umsetzung, zu gehen.

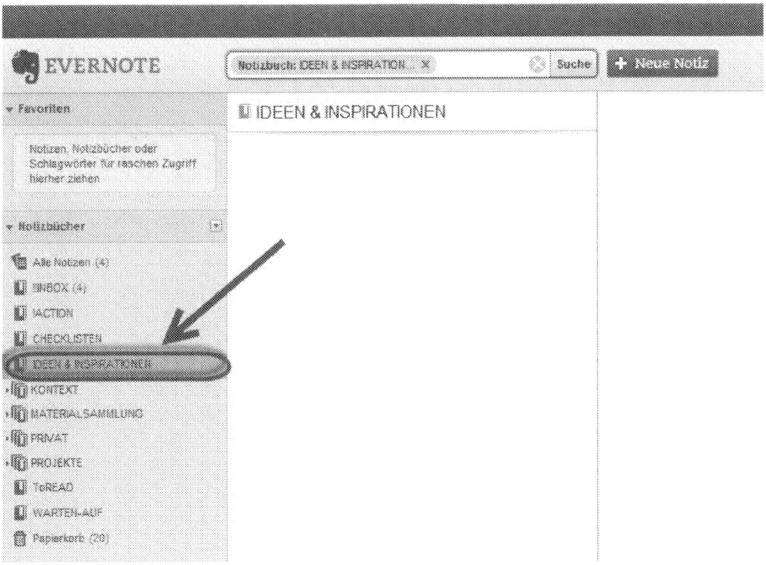

4.1 Verwaltung dieses Notizbuches

Nun, mit diesem Notizbuch hast du eigentlich nicht besonders viel Arbeit. Alles, was du tun musst, ist die neuen Ideen und Inspirationen, die in deiner Inbox landen, in dieses Notizbuch zu kopieren.

Ich habe es mir zur Regel gemacht, dieses Notizbuch einmal wöchentlich durchzusehen. Dabei überfliege ich alle Notizen kurz. Daher befindet sich dieser Punkt auch in meiner Wochencheckliste (mehr dazu in einem späteren Kapitel).

Bei diesem wöchentlichen Check sehe ich einfach nach, ob es an der Zeit ist, mit der Planung oder der Umsetzung einer der darin befindlichen Ideen zu beginnen.

4.2 Die Weiterverarbeitung dieser Notizen

4.2.1 Ab in das „Projekte"-Notizbuch

Samstagvormittags, du sitzt gerade vor deiner Wochencheckliste und die sagt dir: „Schau doch mal über die Notizen in deinem Ideen-&-Inspirationen-Notizbuch." Dabei fällt dir eine Notiz auf, bei der denkst du dir „Ja, damit könnte ich in der kommenden Woche mit der Planung und Umsetzung beginnen."

Als Beispiel nehmen wir jetzt mal meine Mittelmeer-Kreuzfahrt. Dann wird aus dieser Notiz im Notizbuch Ideen & Inspirationen ein Notizbuch im Stapel-Notizbuch „Projekte" (zu dem wir ebenfalls weiter hinten im Buch noch kommen). Wir benennen dieses Notizbuch dann einfach „Mittelmeer-Kreuzfahrt".

In einer ersten Notiz in diesem Notizbuch werde ich dann einmal mit einem Brainstorming beginnen. Bei diesem Brainstorming könnten dann unter anderem folgende Punkte herauskommen:

- Prospekte aus dem Reisebüro besorgen.
- Internetseiten der Kreuzfahrtunternehmen herausfinden.
- Liste mit Städten erstellen, die man unbedingt im Zuge dieser Kreuzfahrt besuchen will.
- Freunde dazu einladen, doch an dieser Kreuzfahrt teilzunehmen.
- Finanzielle Rahmenbedingungen abstecken.
- ....

Das ist also ein erstes Brainstorming und somit auch eine Liste der nächsten Schritte, die in diesem Projekt zu tun sind.

4.2.2 Ab in den Müll

Oftmals kommt es aber natürlich auch vor, dass sich die Präferenzen im Laufe der Zeit ändern. Teilweise liegen diese Notizen Monate oder Jahre in diesem Notizbuch. Ich habe ja vorher schon erwähnt, dass die Idee zu diesem Buch bereits über ein halbes Jahr in diesem Notizbuch verbrachte, ehe ich mit der Planung und Umsetzung begonnen habe.

Nehmen wir einmal an, die Notiz „Mittelmeer-Kreuzfahrt unternehmen“ liegt bereits seit einem Jahr in diesem Notizbuch. Mittlerweile würdest du aber viel lieber die USA besuchen und auch Australien steht jetzt viel weiter oben auf deiner Prioritätenliste als diese Mittelmeer-Kreuzfahrt. Nun, dann wirst du diese Idee einfach irgendwann verwerfen. Und wenn das geschieht, ist es auch Zeit, diese Notiz in den Mülleimer zu befördern.

Also schlicht und einfach: Ist die Idee nicht mehr aktuell, dann lösche sie!

5 Die Materialsammlung

In dieses Stapelnotizbuch kommt schlicht und einfach alles, was ich zwar im Moment nicht benötige, aber vielleicht irgendwann doch noch einmal benötigen könnte.

Auch hier möchte ich das mit ein paar Beispielen veranschaulichen:

- Ein ganz praktischer Punkt hier wären alle Gebrauchsanweisungen. Im Internet-Zeitalter kann man sich ja zum Glück fast alle Gebrauchsanweisungen auch schon als PDF-Datei herunterladen. Wenn ich mir zum Beispiel ein neues TV-Gerät kaufe, dann hebe ich die in 47 Sprachen verfasste und in ein Heft gebundene Gebrauchsanweisung nicht in irgendeiner Schublade auf, wo ich sie dann ohnehin nicht mehr finde, sondern ich lade mir die PDF-Datei in Evernote. Um genau zu sein in das Stapelnotizbuch „Materialsammlung" und dann in das Notizbuch „Samsung-TV".

  Dort speichere ich auch die eingescannte Garantiekarte, ebenso wie die Rechnung und alles, was sonst noch für dieses TV-Gerät von Bedeutung sein könnte.

  Diese Dinge benötige ich zwar im Moment nicht, aber bei Problemen mit dem TV-Gerät kann ich alles sehr schnell wiederfinden.

- Ich bin begeisterter Fitnesscenter-Besucher. Und in diesem Zusammenhang bin ich immer auf der Suche nach neuen Übungen (ich versuche meine Fitnessprogramme alle 3-4 Monate durch andere Übungen zu erneuern). Daher lese ich sehr viele Fitness-Zeitschriften und Blogs zu diesem Thema. Immer wenn mir dabei Übungen gefallen, scanne ich diese aus Zeitschriften ein oder nutze den Evernote-Webclipper, um sie aus Blogs und Webseiten herauszukopieren. Alle diese Übungen landen dann hier in der Materialsammlung im Notizbuch „Übungen für das Fitnesscenter“.

  Diese Übungen brauche ich zwar im Moment nicht, weil ich ja gerade ein Trainingsprogramm habe, aber bei der nächsten Erneuerung meines Trainingsprogrammes können diese Notizen eine wichtige Rolle spielen.

- Nebenbei bin ich als Fußballtrainer tätig. Auch da suche ich immer wieder online, wie auch offline, nach Übungen, Trainingsprogrammen und anderen für Fußballtrainer spezifischen Informationen. Auch dafür habe ich im Stapelnotizbuch „Materialsammlung“ das Notizbuch „Fußballtraining“ erstellt.

Da landen alle diese Übungen und Programme und warten darauf, bis ich wieder dabei bin, neue Trainingsprogramme zu erstellen. Ist das der Fall, durchsuche ich dieses Notizbuch und verwende die darin gespeicherten Informationen.

- Und wieder muss ich auf dieses Buch hier, das du gerade in Händen hältst, zurückkommen. Auch alle Informationen, über die ich hier schreibe, fanden ihren Ursprung vermutlich in der „Materialsammlung"!

Natürlich handelt es sich dabei um Beispiele aus meiner Materialsammlung. Aber ich bin mir sicher, du kannst dir anhand dieser Beispiele auch ein Einsatzgebiet für deinen Beruf und deine privaten Dinge zusammenreimen.

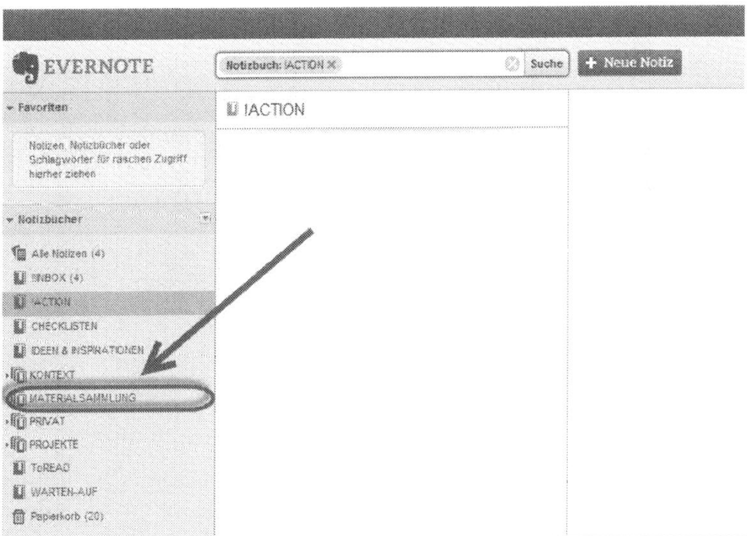

5.1 Verwaltung dieses Notizbuches

Beleuchten wir nun auch hier den Verwaltungsaufwand dieses Stapel-Notizbuches. Nun, die Notizen landen selbstverständlich (wie in allen Fällen) auch wieder über die Inbox in der „Materialsammlung“.

Das Durchsehen, oder in diesem Fall besser die Recherche der darin befindlichen Notizbücher, ist eigentlich nur bei Bedarf nötig. Wenn ich die Gebrauchsanweisung für mein TV-Gerät suche, wenn ich ein neues Fitnesscenter-Trainingsprogramm mache oder wenn ich Trainingsprogramme für meine Fußballmannschaft zusammenstelle.

Natürlich musst du auch dieses Notizbuch ab und an einmal ausmisten. Ich mache das einmal jährlich. Dann kommen zum Beispiel die nicht mehr benötigten Gebrauchsanweisungen für das schon entsorgte TV-Gerät in den Müll.

5.2 Die Weiterverarbeitung dieser Notizen

Die Weiterverarbeitung dieser Notizen habe ich ja bereits angedeutet. In der Regel werden sie entweder zur Recherche (Gebrauchsanweisungen) oder in den Projekten (zu diesem Notizbuch kommen wir gleich im Anschluss) gebraucht.

Als Beispiel kann ich hier wieder die Notizen zu diesem Buch anführen. Diese Informationen zum Umgang und Einsatz mit Evernote habe ich einerseits aus verschiedenen Quellen und andererseits aus eigenen Erfahrungen und Versuchen zusammengetragen.

Als dieses Projekt dann von der Planungs- in die Umsetzungsphase ging, wanderten viele der Notizen vom Stapelnotizbuch „Materialsammlung“ in das Stapelnotizbuch „Projekte“.

Sollten die Informationen in den Notizen der Materialsammlung nicht mehr benötigt werden, dann treten sie ihren Weg in den Papierkorb von Evernote an.

6 Meine laufenden Projekte

Jetzt kommen wir zu einem ganz spannenden Stapel-Notizbuch, nämlich jenem der „Projekte".
David Allen schreibt dazu in seinem Buch „Wie ich die Dinge geregelt kriege": „Als Projekt definiere ich jedes gewünschte Ergebnis, das mehr als einen Handlungsschritt erfordert."
Hört sich jetzt sehr geschwollen an dieses Zitat, wir werden aber gleich anhand praktischer Beispiele ein wenig Klarheit hinter diese Aussage bringen.

- Das betrifft Kleinigkeiten, wie ein neues TV-Gerät zu kaufen. Gut o. k., ich gebe zu, das könnte man auch in einem einzelnen Entwicklungsschritt abwickeln. Der würde dann heißen: „Ich gehe in ein Elektronikgeschäft und kaufe mir das TV-Gerät, das ich vom Verkäufer empfohlen bekomme, lasse ihn mir liefern, aufstellen und programmieren."

  Aber so einfach machen wir uns das selten, also ich zumindest nicht. Bei mir würden beim Kauf eines TV-Gerätes folgende Entwicklungsschritte zusammenkommen: Feststellen des Bedarfes (was muss mein TV-Gerät alles können), Einholen von Angeboten (online wie offline), Nachverhandeln dieser Angebote, Abholung beim Händler, Aufbau, Programmierung und zu guter Letzt ein ausgedehnter TV-Abend mit Freunden und dem neuen Gerät.

Du siehst also, mehr als ein Entwicklungsschritt und damit stehen wir hier auch vor einem (wenn auch sehr kleinen) Projekt.

- Es kann sich dabei aber auch um ganz persönliche Dinge handeln. Zum Beispiel, um das Ziel noch einmal einen Waschbrettbauch zu haben. Auch zu diesem Projekt gehören mehrere Entwicklungsschritte, wie einen Ernährungsplan erstellen, einen Trainingsplan erstellen, den momentanen Ist-Zustand festhalten, sich medizinisch abklären lassen, eventuell auch neue Laufschuhe kaufen, sich Unterstützer suchen, mental stärker werden und Wochenplanungen erstellen.

  Du siehst also, auch hier haben wir mehrere Entwicklungsschritte abzuarbeiten.

- Aber auch die großen Projekte, wie dieses Buch, haben natürlich jede Menge Entwicklungsschritte. Die alle jetzt hier aufzuzählen, würde dich sicher langweilen, aber im Prinzip geht es beim Brainstorming los und hört bei der Vermarktung auf. Wobei man mit so einem Buch eigentlich dauernd beschäftigt ist. Sei es in Form von Updates oder Anfragen von Lesern, aber das ist eine andere Geschichte.

6.1 Große Projekte in kleine Teile zerlegen

Das ist nicht nur für die Abarbeitung hier in Evernote ein ganz wichtiger Punkt, sondern auch für die Psyche. Ich habe mit meinem ersten Evernote-Buch zum Beispiel sehr lange nicht begonnen, weil ich das gesamte Projekt „ich schreibe ein Buch" vor mir sah.
Damit war ich heillos überfordert und so bin ich Schockstarre verharrt, anstatt es anzupacken. Erst als ich detaillierter in die Planung und in das Brainstorming ging, die einzelnen Kapitel-Überschriften erstellte, daraus Unterkapitel und Unter-Unterkapitel erschuf, war ich in der Lage, das Projekt Schritt für Schritt abzuarbeiten.

Dieser Schritt des Unterteilens eines Projektes in viele kleine Teile nennt man

Salami-Taktik!

Im Prinzip geht es dabei darum, eine Liste der nächsten Schritte zu erstellen. Nehmen wir als Beispiel wieder dieses Buch hier:

1. Der erste Schritt ist eine Art Brainstorming über den Inhalt. Ist das erledigt, muss man sich Gedanken über den nächsten logischen Schritt machen.
2. Dieser wäre dann, dieses Brainstorming in die Form eines Buches zu bekommen. Sprich alles, das mir beim Brainstorming eingefallen ist, gewissen Kapiteln eventuell sogar schon Unterkapiteln zuzuordnen. Also quasi eine Art Inhaltsverzeichnis erstellen. Was wäre der nächste Schritt?
3. Jetzt könnte man zum Beispiel schon damit beginnen, das Vorwort zu schreiben. Nächster Schritt?
4. Kapitel 1 schreiben. Nächster Schritt?
5. Kapitel 2 schreiben. Nächster Schritt?
6. ...

Du siehst schon, worauf ich hinaus will. Versuche einfach, schon bevor du mit der Ausführung des Projektes beginnst, jeden Schritt im Voraus zu antizipieren.

Je genauer diese Planung ist, umso mehr Zeit wirst du dir danach bei der Ausführung ersparen. Natürlich kann es immer vorkommen, dass während der Ausführung des Projektes noch weitere Schritte eingefügt werden müssen. Aber diese sind ja dann ganz leicht in die bestehende Planung aufzunehmen.

Also unterteile deine Projekte in die Liste der nächsten Schritte!

6.2 Verwaltung dieses Notizbuches

Nun, ich arbeite mit diesem Stapel-Notizbuch eigentlich fast täglich. Sei es, um Projekte zu ergänzen, die Liste der nächsten Schritte in meine „Action"-Notiz zu übertragen (dazu kommen wir noch) oder um neue Projekte zu erstellen.

Aber auch auf meiner wöchentlichen Checkliste stehen die laufenden Projekte natürlich sehr im Mittelpunkt. Jeden Samstagmorgen heißt es dann:

Projektfortschritte überprüfen:
Ich nehme mir dabei jedes einzelne Projekt vor und überprüfe, wie weit ich die vergangene Woche gekommen bin. Alle Schritte, die ich erledigt habe, hake ich mithilfe der Checkbox von Evernote ab.

Nächste Schritte planen:
In der Folge kümmere ich mich um die Wochenplanung.

Dabei übertrage ich aus jedem Projekt jene Schritte in meine Wochenliste, die ich in der kommenden Woche erledigen will.

Neue Projekte planen:
Wie schon in den vorherigen Kapiteln erwähnt, entstehen natürlich auch immer wieder neue Projekte.
Sei es aus gegebenen Anlass (TV-Gerät geht kaputt und ich brauche ein neues), oder weil eine Notiz aus dem Notizbuch Ideen & Inspirationen reif dazu ist umgesetzt zu werden.
Diese neuen Projekte werden dann in diesem Stapel-Notizbuch erstellt.

Wochenplanung:
Habe ich ja bereits oberhalb erwähnt. Dabei geht es darum, jedem einzelnen nächsten Schritt der einzelnen Projekte eigene Blockzeiten und Tage zuzuweisen, an denen sie abgearbeitet werden. Aber mehr dazu kommt noch im Kapitel „Uuuuund Action" weiter hinten im Buch.

6.3 Die Weiterverarbeitung dieser Notizen

Im Prinzip werden die Projekte in diesem Notizbuch so lange abgearbeitet, bis sie erledigt sind. Ist das der Fall, landet das erledigte Projekt entweder in einem speziellen Stapelnotizbuch, das ich „Archiv" nenne, oder aber im Mülleimer.

Warum ich das Archiv vorziehe, ist ganz klar:

- Ich habe (bis auf die monatliche Upload-Begrenzung) unendlich viel Speicherplatz in Evernote, also wozu löschen.

- Man kann nie wissen, wann wieder ein ähnliches Projekt auftaucht. Ist dies der Fall, kann man sicher einige Dinge aus dem alten Projekt übernehmen und braucht nicht wieder bei null zu beginnen.

- Um den Ordner „Archiv" brauche ich mich nie wieder zu kümmern, außer ich suche etwas darin. Und da die Suchfunktion von Evernote bekanntlich ja ausgezeichnet ist, wird das absolut kein Problem darstellen. Das bedeutet, der Archiv-Ordner bringt weder Ablenkung noch Arbeit, ist also völlig harmlos.

Das Stapel-Notizbuch „Projekte" ist also jener Teil von Evernote, in dem du deine laufenden Arbeiten managst. Damit nimmt es eine sehr wichtige Rolle im laufenden Abarbeitungssystem ein!

7 Immer diese Wartezeiten

In das Notizbuch „WartenAuf" kommen alle Dinge, auf die ich im Moment warten muss, also quasi handlungsunfähig bin, bis jemand anderer eine entsprechende Aktion setzt.
Ja, ich weiß schon, was du denkst, wieder so ein Satz, der extrem geschwollen klingt. O. k., dann mal wieder ein paar Beispiele zur näheren Definition:

Dinge, die ich delegiert habe:
Ich habe zum Beispiel die Erstellung des Covers für dieses Buch hier von einem externen Designer gestalten lassen, weil ich nicht die Fähigkeiten dazu besitze.
Nachdem wir ungefähres Aussehen und Text des Covers besprochen haben, wurde vereinbart, dass der Abgabetermin genau in einer Woche sein würde.
Diese Bestätigungs-E-Mail habe ich in das WartenAuf-Notizbuch weitergeleitet.

Immer wieder hole ich auch Angebote für gewisse technische Geräte ein. Die E-Mail, die ich an den Händler schicke, leite ich BCC an meinen Evernote-Account weiter. Dann kommt sie in den WartenAuf-Bereich und dort bleibt sie, bis ich Antwort vom Händler bekommen habe.

Nehmen wir doch einfach das Beispiel von vorher mit dem neuen TV-Gerät. Wenn ich da von 10 Händlern Angebote einhole, dann landen diese E-Mails auch hier in diesem Notizbuch.

Bekomme ich dann von einem Händler eine Antwort, wandert diese Antwort in das Projekt-Notizbuch „Samsung TV" und die Notiz im WartenAuf-Notizbuch wird gelöscht.

Das gilt natürlich auch für alle E-Mails, die du aussendest und bei denen du auf Antwort wartest, sowie für sonstige Anfragen aller Art. Zum Beispiel lasse ich dieses Buch hier nach Fertigstellung noch einmal von einer Lektorin überarbeiten. Auch diese E-Mail landet hier im WartenAuf-Notizbuch bis ich von der Lektorin das überarbeitete Manuskript wieder zurückbekommen habe.

Du siehst also, das WartenAuf-Notizbuch ist dafür da, um bestimmte Dinge, auf die man wartet, nicht zu vergessen. So hast du sie aus dem Kopf und musst nicht dauernd daran denken, denn du weißt, dass du in deinem WartenAuf-Notizbuch alles im Überblick hast. Das ist der Hintergedanke dieses Notizbuches.

7.1 Durchsehen und Aktualisieren

Es gibt drei Anlässe, zu denen ich dieses Notizbuch öffne und bearbeite:

1. **Bei Bedarf:**
   Wenn sich etwas ändert, etwas Neues dazukommt oder sich etwas erledigt hat. Wie zum Beispiel unser Anbot für das TV-Gerät.
   Kommt das, wird die Notiz gelöscht. Verlangt der Händler eventuell noch zusätzliche Informationen, wird die Notiz erneuert.

2. **In der wöchentlichen Checkliste:**
   In meiner wöchentlichen Checkliste, zu der wir später noch kommen, steht der Punkt „Kontrolle des WartenAuf-Notizbuches“.

Das bedeutet, dass ich jeden Samstagvormittag dieses Notizbuch kontrolliere. Ist etwas überfällig, kann ich reagieren.

3. **Zu gewissen Terminen:**
   Der Designer meines Covers verspricht zum Beispiel die Lieferung des fertigen Designs bis zum 12. August 2013. Dann gibt es zwei Möglichkeiten, entweder er liefert früher, dann tritt Punkt 1 in Kraft, und ich habe den Bedarf die Notiz zu löschen.
   Oder aber auch, er liefert nicht pünktlich.
   Dann komme ich entweder bei der nächsten Durchsicht mit meiner Wochencheckliste (Punkt 2) darauf oder ich kann mir eine Erinnerung in meinen Kalender eingeben. Das mache ich vor allem bei Dingen, die wichtig sind und auf die ich eventuell nicht bis zur Durchsicht der Wochencheckliste warten kann.

   In diesem Fall werde ich durch meinen Kalender daran erinnert in das Notizbuch zu sehen. Mittlerweile besteht auch die Möglichkeit, in Evernote eine Erinnerung zu setzen und sich so direkt durch Evernote an die Notiz erinnern zu lassen.

Wenn du so vorgehst, kannst du dir zu 100 % sicher sein, nichts mehr zu vergessen, das du delegiert hast oder worauf du wartest.
Vor allem in Firmen kann das ein wichtiger Aspekt sein, wenn du viel an deine dir untergebenen Mitarbeiter delegierst.

8 Wo bin ich und was kann ich da abarbeiten?

In dieses Stapel-Notizbuch kommt alles, was sich zu einem bestimmten Kontext abarbeiten lässt. Lass mich auch diesen Punkt wieder anhand ein paar praktischer Beispiele näher erläutern.

Meine kontextbezogenen Notizbücher:

Büro:
In diesem Notizbuch landen alle Dinge, die ich im Büro erledigen kann. Das können arbeitsspezifische Dinge sein, aber natürlich auch private, sofern vom Chef geduldet. Zum Beispiel bestimmte Dinge ausdrucken, diverse Besprechungen abhalten und dergleichen mehr. Also alles Dinge, für die du tatsächlich physisch im Büro anwesend sein musst.

Zu Hause:
In diesen Ordner kommen alle Notizen, die meine physische Anwesenheit in den eigenen vier Wänden erfordern. Zum Beispiel neue Lampe montieren, neu Ausmalen oder Abstellraum zusammenräumen.

Ich für meinen Teil gebe aber auch Notizen in dieses Notizbuch, die zwar nicht unbedingt meine physische Anwesenheit erfordern, wo ich aber weiß, dass ich diese Dinge am besten daheim erledigen kann.

Dabei geht es vor allem um Arbeiten, bei denen ich Ruhe und hohe Konzentration brauche.

Reisen (egal wie lange):
Egal ob eine Flugreise nach Ägypten oder eine Fahrt mit den öffentlichen Verkehrsmitteln zur Arbeit. Hier kommt alles rein, das ich in dieser (mehr oder weniger toten Zeit) erledigen kann.

Wenn ich viel mit dem Auto reise, ebenfalls egal ob kurze oder weite Strecken, dann speichere ich mir hier auch immer wieder Personen ein, die ich gerne anrufen würde. Hier geht es weniger um dringende oder wichtige Anrufe, sondern eher ums Networking, also mit wichtigen Personen regelmäßig in Kontakt zu bleiben.

In dieses Notizbuch kommen zum Beispiel auch **Podcasts,** die ich auf der Fahrt hören will, oder gleich ganze **Hörbücher**, aber auch Kindle-Bücher für den Strandurlaub oder diverse geschäftliche Akten für die Dienstreise.

Der große Vorteil, vor allem bei Auslandsreisen ist die Möglichkeit, auf vorher definierte Notizbücher auch offline zugreifen zu können (also ohne Internetzugang). Das betrifft natürlich auch die darin aufgelisteten Akten. Aber Achtung: Das funktioniert nur in der Premium-Version von Evernote.

Besorgungen:
Hier kommen alle Einkaufslisten und Besorgungs-Wünsche hinein. Ganz egal, ob Dinge für den nächsten Lebensmitteleinkauf, neue Bekleidung, die du benötigst, oder neue Druckerpatronen für deinen Drucker.

Hier wird alles gespeichert, und wenn du mal gerade zufällig am nächsten Einkaufszentrum vorbeifährst, kannst du gleich alle Besorgungen erledigen, ohne dich dann zu Hause zu ärgern, weil du einige der Dinge vergessen hast.

Computer:
In dieses Notizbuch kommen alle Dinge, die sich nur am Computer erledigen lassen. Also zum Beispiel das Schreiben dieses Buches hier oder ein Video schneiden, eine Grafik erstellen usw.

Das war eine Übersicht meiner Kontext-Notizbücher. Für dich kann vielleicht auch noch das eine oder andere zusätzlich interessant sein. Einer meiner Blogger-Kollegen hat zum Beispiel noch ein Notizbuch „Wochenendhaus", ein anderer unterscheidet zwischen „Innendienst" und „Außendienst". Du siehst also, deiner Kreativität sind hier keine Grenzen gesetzt.

In meiner Funktion als Fußball- und Sport-Mentaltrainer befinde ich mich logischerweise oft auf Fußballplätzen. Auch dafür habe ich ein Kontext-Notizbuch angelegt.

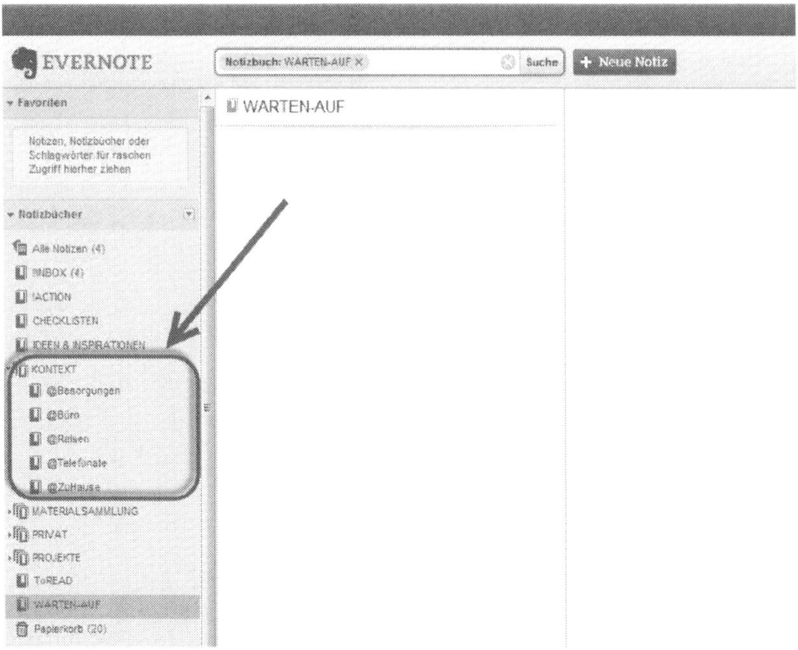

8.1 Durchsehen und Aktualisieren

Der Vorteil von Kontext-Notizbüchern ist ganz klar. Du brauchst nicht lange deine Notizen durchsuchen, was du jetzt in dem Moment gerade machen sollst, sondern der Ort gibt dir vor, was du tun kannst.

Zu Hause ausmalen, im Büro was ausdrucken, im Einkaufszentrum neue Schuhe kaufen und dergleichen mehr. Sitze ich vor dem PC, ist das Erste, was ich mir ansehe, das Kontextnotizbuch „Computer".

Im Prinzip brauchst du also nur das dem Kontext entsprechende Notizbuch öffnen, die darin hinterlegte Aufgabe erledigen und die Notiz im Anschluss löschen!

9 Lesestoff

Du kennst mit Sicherheit auch das Problem, dass du über viele Webseiten surfst und auf jede Menge interessanter Artikel stößt, du aber im Moment keine Zeit hast diese Artikel zu lesen.

Dann heißt es entweder, den gewünschten Artikel auszudrucken und irgendwo für später zu verstauen oder die Link-Adresse irgendwo abzuspeichern. Und selbstverständlich gibt es auch eigene Apps dafür. Aber das alles benötigst du mit Evernote nicht.

Ich habe mir einfach ein Notizbuch mit dem Namen „ToRead" erstellt. Da kommen alle Artikel hinein, die mich interessieren und die ich (wenn ich dann Zeit dazu habe) auch einmal lesen möchte.
Hier einige Beispiele, was sich in meinem ToRead-Ordner so alles tummelt:

Artikel von Webseiten:
Meistens kopiere ich nicht nur den Link in die Notiz, sondern schneide den gewünschten Artikel mit dem Webclipper aus.
So habe ich den ganzen Artikel in Evernote gespeichert und brauche nicht mehr erst auf einen Link zu klicken und eine Webseite zu laden, sondern kann den Artikel direkt in Evernote lesen.

PDF-Dateien:
Dabei handelt es sich um Akten, Berichte oder Protokolle, aber auch um Anleitungen, Tutorials oder ähnliche Dinge.

Eingescannte Dinge:
Ganz egal ob Zeitungsartikel, Briefe oder sonstige Dinge, die es durchzulesen gilt. Ich habe ja bereits erwähnt, dass ich einen Duplex-Scanner habe.
Alles, was ich also tun muss, ist das gewünschte Material in den Scanner zu legen, auf Scannen zu klicken, und schon landet das gesamte Material als PDF-Datei in Evernote (ohne dass ich einen Finger rühren muss). Wie das funktioniert, erfährst du übrigens in meinem Buch **„In 60 Minuten zum Evernote Experten"**, oder im **gratis Videokurs**!
Mit diesem ToRead-Notizbuch ersparst du dir also jede Menge Papierkram und auch andere Apps werden überflüssig.

10 Mit Checklisten zum Erfolg

Ein ganz wichtiger Erfolgsfaktor meines Systems sind Checklisten. Und hier vor allem die Wochen- und die Monatscheckliste. Ich werde dir aber auch noch einige andere meiner Checklisten vorstellen, die für dich eventuell interessant sein könnten.

Wie für das gesamte Buch gilt das auch für die Checklisten. Ich stelle dir hier mein System vor. Daher wird dir das bloße Kopieren meiner Checklisten nicht besonders viel bringen. Aber es soll dir eine Idee vermitteln, um diese Checklisten deinen Bedürfnissen anpassen zu können.

10.1 Wochencheckliste

Ich arbeite meine Wochencheckliste in der Regel am Samstag durch. In der Regel deswegen, weil es durchaus auch sein kann, dass ich es schon Freitag oder erst Sonntag erledige. Wichtig für mich ist allerdings, die Wochencheckliste wirklich vor dem Montag durchzuarbeiten.
Solltest du Evernote sehr viel beruflich verwenden, so rate ich dir, die Wochencheckliste schon Freitag-vormittags durchzuarbeiten.
Das hat den einfachen Grund, dass du eventuell noch Termine für die kommende Woche vereinbaren oder verschieben musst.

Dazu musst du aber höchstwahrscheinlich innerhalb der Bürozeiten handeln. Gehst du deine Liste erst Samstag durch, sind dir bis Montag die Hände gebunden und das ist nicht empfehlenswert.

1. ☐ **FINANZEN**
    1. ☐
    2. ☐
    3. ☐
    4. ☐
    5. ☐
    6. ☐
2. ☐ **TERMINE**
    1. ☐ Termine für kommende Woche planen
    2. ☐ Terminvereinbarungen treffen
    3. ☐ Kalender überprüfen (freien Tag berücksichtigen)
    4. ☐ Besorgungen planen
    5. ☐ Sportaktivitäten planen
3. ☐ **WARTEN AUF**
    1. ☐ Mails checken
    2. ☐ Evernote checken
4. ☐ **PROJEKTE**
    1. ☐ Fortschritte überprüfen
    2. ☐ Kommenden Schritte planen
    3. ☐ Neue Projekte planen
    4. ☐ Liste der nächsten Schritte in der Monatsübersicht abhacken
5. ☐ **NISCHENSEITEN**
    1. ☐ Neue Artikel schreiben (Spracherkennungssoftware)
    2. ☐ Neue Artikel schreiben (Sling-Trainer)
6. ☐ **TO READ**
    1. ☐ Lesen und verteilen in die entsprechenden Ordner
7. ☐ **IDEEN/INSPIRATIONEN**
    1. ☐ Durchsehen
    2. ☐ Realisierungsmöglichkeiten checken?
8. ☐ **ORDNUNG SCHAFFEN**
    1. ☐ Wo?
9. ☐ **VERZEIHEN, BEDANKEN, BESCHENKEN**
    1. ☐ Wem verzeihen?
    2. ☐ Wem bedanken?
    3. ☐ Wem beschenken?

<u>Nun aber zu meiner Wochencheckliste</u>:

Finanzen:
Neben meinem normalen Gehalts-Konto habe ich auch noch ein Sparkonto und zwei Aktien-Depots. Das bedeutet ein wenig Arbeit. Denn ich überprüfe jede Abbuchung bzw. Überweisung auf ihre Richtigkeit und überprüfe auch jede Position in meinen Aktien-Depots.

Dazu checke ich Nachrichten und Hintergrundinformationen zu jeder einzelnen Aktie. Dann treffe ich die Entscheidung, ob sie im Depot bleibt oder rausfliegt.

Außerdem überprüfe ich Aktien auf meiner Watchlist, ob sich ein Kauf schon lohnt. Dazu benötige ich in der Regel 30 bis 60 Minuten.

Termine:
Hier plane ich zunächst einmal meine Termine für die kommende Woche. Das bedeutet einmal, meinen Kalender zu öffnen (ich verwende den Google-Kalender) und alle schon eingetragenen Termine zu checken.
Möglicherweise muss ich Termine auch erst vereinbaren. Dann mache ich das ebenfalls am Samstagvormittag. Meine Kontakte, die ich benötige, sind da jedenfalls in der Regel erreichbar.

Außerdem plane ich meinen fixen freien Tag ein.
Ich habe einen Tag in der Woche, an dem ich weder in meinem Angestellten-Job noch in meinen Nebenjobs als Sport-Mentaltrainer oder Blogger oder eben Buch-Autor arbeite. Dieser Tag gilt einzig und alleine der Freizeitgestaltung. Das ist für mich ganz wichtig!

Außerdem gehe ich mein Notizbuch „Besorgungen" durch. Möglicherweise gibt es einige wichtige Dinge zu besorgen, dann plane ich das auch schon für die kommende Woche ein.

Zu guter Letzt plane ich noch meine sportlichen Aktivitäten. Ich gehe dreimal pro Woche ins Fitnesscenter und zweimal pro Woche laufen. Diese Aktivitäten werden fixen Tagen zugeordnet und dann auch fix an diesen Tagen ausgeführt (verschieben verboten!).

Zeitaufwand: 10-15 Minuten.

WartenAuf:
Nachdem nun meine Termine stehen, checke ich mein WartenAuf-Notizbuch. Ich sehe nach, welche Dinge eigentlich schon überfällig sind bzw. welche Dinge in der kommenden Woche fällig werden.

Über dieses Notizbuch haben wir aber ohnehin schon genügend Worte verloren. Hier geht es einfach darum, es wöchentlich durchzusehen.

Zeitaufwand: 2 Minuten.

Projekte:
In diesem Schritt überprüfe ich die Fortschritte meiner Projekte. Was habe ich in der vergangenen Woche alles erledigt.
Im nächsten Schritt kommt dann die Planung für die kommende Woche. Welche Schritte der einzelnen Projekte will ich umsetzen und an welchem Tag nehme ich mir wie viel Zeit für jeden einzelnen Schritt. Ich mache das mit, wie ich es nenne, Blockzeiten.
Am heutigen Tag steht zum Beispiel in meinem Wochenplan folgende Blockzeit: „1 Stunde Kapitel Checklisten schreiben". Was bedeutet, dass ich mir am heutigen Tag eine Stunde dafür reserviert habe, dieses Kapitel hier zu schreiben.
Weiter lege ich jede Woche fest, welche neuen Projekte ich in Angriff nehmen will.

Zeitaufwand: 15 Minuten.

Nischenseiten:
Ich betreibe auch zwei Nischenseiten, die mit neuen Artikeln gefüttert werden wollen. Hier überprüfe ich wöchentlich, ob es Material für neue Artikeln gibt und, falls ja, welche ich davon schreibe.
Falls dich meine Nischenseiten interessieren, eine hat das Thema Spracherkennungssoftware

http://spracherkennungssoftware.biz/

und die andere das Thema Sling-Training

http://sling-trainer.biz/.

Zeitaufwand: 1 Minute.

ToRead:
Auch dieses Notizbuch gehört natürlich gepflegt. Ich sehe hier in dieser Wochenübersicht über alle Notizen drüber. Einige davon habe ich bereits gelesen, aber vergessen zu löschen, einige kommen mir jetzt nicht mehr so interessant vor wie zum Zeitpunkt der Speicherung, auch dann lösche ich sie.
Diverse gelesene Notizen lassen sich eventuell Projekten oder Materialsammlungen zuordnen, auch das mache ich hier in der Wochenübersicht.

Zeitaufwand: 3 Minuten.

Ideen & Inspirationen:
Wie schon im entsprechenden Kapitel besprochen, gehört natürlich auch dieses Notizbuch regelmäßig durchleuchtet.
Ich sehe mir in der Wochenübersicht alle Notizen an und entscheide dann, ob ich welche davon umsetzen will oder ob ich einige davon auch verwerfe, weil sie schlicht und einfach nicht mehr aktuell sind.

Zeitaufwand: 3 Minuten.

Ordnung schaffen:
Es gibt immer etwas zu tun. Im Büro, im Haus, in der Wohnung, im Garten, im Auto. Wo auch immer. Ich hasse es, einen ganzen Tag damit zu verbringen, zusammenzuräumen, auszusortieren und Ordnung zu schaffen. Ich habe aber nichts dagegen, einmal eine oder zwei Stunden pro Woche damit zu verbringen.
Mit diesem System fahre ich recht gut und schaffe es auch größtenteils Ordnung zu halten.

Also nehme ich mir in der Wochencheckliste immer wieder ein oder zwei Dinge vor, die ich in Ordnung bringen möchte. Diese Woche ist zum Beispiel mein Abstellraum an der Reihe gewesen und kommende Woche kümmere ich mich um den Keller.

Zeitaufwand: 1 Minuten.

Verzeihen, Beschenken, Bedanken:
Ich denke, es ist wichtig, sich selbst und seine Handlungen zumindest einmal in der Woche selbst zu reflektieren. In diesem Punkt mache ich mir also Gedanken, wem ich in dieser Woche auf den Schlips getreten sein könnte.

Fällt mir wer ein, bitte ich diejenige Person um Verzeihung. In der vergangenen Woche habe ich zum Beispiel einen Trainerkollegen möglicherweise überhart kritisiert. Also rufe ich ihn sofort an und bitte ihn um Verzeihung.

Auch überlege ich, wer mir in der vergangenen Woche sehr geholfen oder besonders nett zu mir war. Dann bedanke ich mich bei dieser Person oder überlege mir ein kleines Geschenk für sie. So habe ich für die kommende Woche geplant, einer netten Kollegin ein Kaffeeheferl zu schenken, weil sie diesen Monat schon zweimal mit mir Dienst getauscht hat. Oftmals reicht aber eine nette Danke-Mail oder ein kurzer Anruf aus.

Dieser letzte Punkt in meiner Wochencheckliste gibt mir selbst viel mehr Kraft und Power als den Leuten, denen ich verzeihe oder die ich beschenke.

Und ich finde, es ist ein schöner Abschluss der Wochen-planungsarbeit!

Zeitaufwand: 2 Minuten.

Das war es im Großen und Ganzen von meiner Wochencheckliste. Wie gesagt, einige Punkte werden vielleicht auf dich nicht zutreffen. Überlege dir einfach, welche Arbeiten du wöchentlich ausführen kannst, und vor allem, was du wöchentlich überprüfen solltest!

10.2 Monatscheckliste

Die Monatscheckliste arbeite ich ebenfalls noch vor Beginn des neuen Monats durch. Ich habe mir in meinem Google-Kalender eine Erinnerung am 26. des jeweiligen Vor-Monats erstellt.
Das bedeutet jetzt nicht, dass ich mich sofort, nachdem die Erinnerung auf meinem Computer- oder Handy-Bildschirm erscheint, dahintersetze, außer ich habe zufällig gerade Zeit dafür. Aber ich mache das dann in der Regel in den nächsten ein bis zwei Tagen.

Meine Monatscheckliste ist im Gegensatz zur Wochencheckliste relativ kurz. Das liegt daran, dass ich viel wöchentlich abarbeite und nicht monatlich. Bei dir kann das selbstverständlich anders sein. Vielleicht genügt es, einige Dinge, die bei mir auf der Wochencheckliste stehen, bei dir auf die Monatscheckliste zu schreiben.

1. ☐ **ARBEIT**
   1. ☐ Dienstpläne in Kalender übertragen
   2. ☐ Neuen Dienstplan erstellen
2. ☐ **WICHTIGE TAGE**
   1. ☐ Geburtstage
   2. ☐ Todestage
   3. ☐ Jahrestage
3. ☐ **TERMINE**
   1. ☐ Arzt-Termine
   2. ☐ Urlaube
   3. ☐ Friedhof-Besuch
   4. ☐ Putzfrau
   5. ☐ Sonstiges
4. ☐ **NISCHENSEITEN**
   1. ☐ Afilliate-Links überprüfen
5. ☐ **STEUER**
   1. ☐ Alle Rechnungen und Honorarnoten verbuchen
6. ☐ **ZIELE**
   1. ☐ Monatsziele definieren
   2. ☐ Liste der nächsten Schritte erstellen, die ich in diesem Monat erledigen will

Hier meine monatliche Checkliste:

Arbeit:
Gleich der erste Punkt lautet Arbeit und bedeutet, dass es Dinge aus meinem Angestellten-Verhältnis betrifft. So bin ich zum Beispiel für den Dienstplan meines Teams zuständig.
Außerdem übertrage ich da auch den Dienstplan des kommenden Monats in meinen Google-Kalender.
Auf dieser Liste stehen noch einige andere Punkte, aber ich denke nicht, dass dich das besonders interessiert.

Wichtige Tage:
Ich sehe meinen Kalender durch, um auf wichtige Tage vorbereitet zu sein. Dazu zählen Geburtstage, Todestage oder Jahrestage.
Für Geburtstage oder Jahrestage gilt es möglicherweise, sich etwas Besonderes zu überlegen oder Geschenke zu kaufen, das benötigt natürlich Vorlaufzeit. Bei Todestagen sollte man sich eventuell etwas Zeit für einen Friedhofbesuch nehmen.

Termine:
Hier fällt alles hinein, das schon weiter im Voraus geplant werden muss. Unter anderem Arzt-Termine oder Urlaube.
Aber auch mit meiner Putzfrau mache ich mir da die Termine für den kommenden Monat aus.

Nischenseiten:
Da gilt es die Afilliatelinks zu überprüfen. Funktioniert noch alles? Passt noch alles? Usw.!

Steuer:
Einmal im Monat setze ich mich hin und verbuche alle steuerlich relevanten Dinge in einer Excel-Liste, die ich dann nur noch meinem Steuerberater schicken muss. Diese Dinge sammle ich einen ganzen Monat in einem speziellen Evernote-Notizbuch, das „Steuer" heißt, und rechne sie dann am Ende des Monats ab.

Ziele:
Der letzte Punkt auf meiner Monatscheckliste ist auch gleichzeitig der wichtigste. Ich setze mir hier die Ziele für den kommenden Monat. Was will ich erreichen, was ist mir wichtig, was will ich umsetzen.

Außerdem erstelle ich dann auch die Liste der nächsten Projektschritte, die ich im kommenden Monat erledigen will. Ich setze mich also hin und durchforste mein „Projekte"-Notizbuch und gehe dabei Projekt für Projekt durch. Dann schreibe ich mir heraus, was ich alles im kommenden Monat zu jedem einzelnen Projekt erledigt haben will. Mehr dazu gibt es aber gleich noch im nächsten Kapitel zu lesen.

Das war es auch schon von meiner Monatscheckliste. Der gesamte Zeitaufwand beträgt so zwischen zwei und drei Stunden, wobei der Hauptteil natürlich für die Einnahmen-/Ausgabenabrechnung und für die Planung der einzelnen Schritte zu jedem einzelnen Projekt draufgeht.

10.3 Jahrescheckliste

Es wird dich jetzt vielleicht überraschen, aber auf meiner Jahrescheckliste stehen nur zwei Punkte. Das hängt vor allem damit zusammen, dass es einerseits für mich ein viel zu großes Intervall ist und andererseits auch damit, dass ich dem Jahreswechsel keine besondere Bedeutung beimesse.

Ich nehme mir in der Zeit zwischen Weihnachten und Neujahr einfach nur Zeit, um meine durchgeführten Projekte zu analysieren. Dabei stelle ich mir vier Fragen:

- Was lief gut? Warum?
- Was lief nicht gut? Warum?

Das war es auch schon von meiner Jahrescheckliste. Ich habe Kollegen oder Klienten, die eine extrem lange Jahrescheckliste fahren. Einige davon ziehen sich zu diesem Zeitpunkt auch 2-3 Tage zurück, fahren weg und überlegen sich da ihre nächsten Ziele und dergleichen.

Das kannst du also handhaben, wie du willst!

10.4 Andere Checklisten, mit denen ich arbeite

Ich arbeite generell sehr gerne mit Checklisten. Warum, das habe ich in einem meiner Blogartikel genauer erklärt:

http://selbst-management.biz/warum-du-unbedingt-mit-checklisten-arbeiten-solltest/

Falls es dich interessiert, surfe einfach mal vorbei.

Hier ein Überblick meiner weiteren Checklisten:

Reisen:
Ja, auch dafür gibt es mittlerweile eigene Smartphone-Apps, aber ich habe mir meine Checkliste in Evernote erstellt.
Da ist alles eingetragen, was ich für Reisen und Urlaube so brauchen könnte, was ich nicht vergessen darf und was davor noch alles erledigt gehört.

Projekt-Planung:
Ich habe mir auch eine Checkliste zurechtgelegt, was ich alles zu tun habe, bevor ich ein neues Projekt plane bzw. auf was ich in der Planungsphase alles achten muss.

Dinge, die du nur selten machst:
Generell solltest du dir Checklisten für Dinge anlegen, die du nur sehr selten machst. Ich setze zum Beispiel ein- oder zweimal im Jahr einen neuen Word-Press-Blog auf.

Um nichts dabei zu vergessen, habe ich mir einmal die Arbeit gemacht, alle wichtigen Punkte dafür zusammenzuschreiben. Nun brauche ich nur noch diese Checkliste zücken und schon geht es los, und das Beste daran, ich brauche mir keine Sorgen darüber zu machen, ob ich nicht vielleicht etwas vergessen habe.

Soweit alles zum Thema Checklisten. Und jetzt kommt es zum Thema Umsetzung, jetzt kommt also Action ins Spiel.

11 Uuuuund Action

Nun geht es also an die Umsetzung und an die tatsächliche Planung der nächsten Schritte. Wie das bei mir ablauft, zeige ich dir nun anhand von Beispielen:

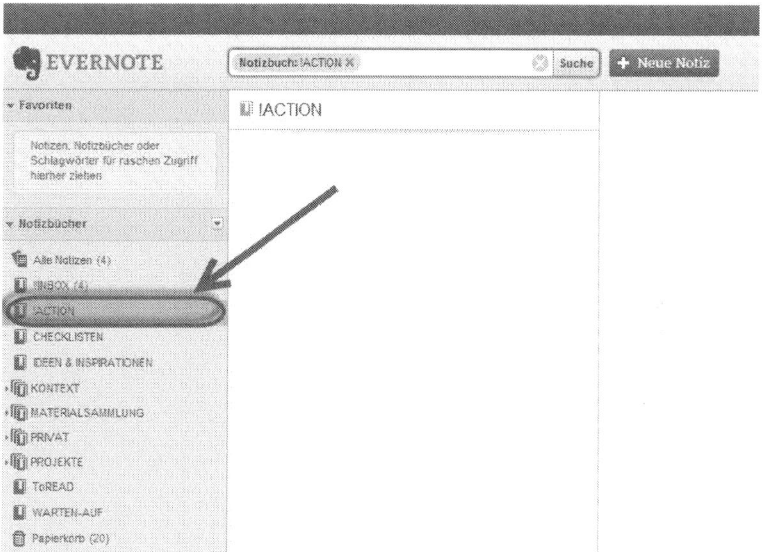

Wie schon erwähnt, ist es dabei extrem wichtig, die großen Projekte in kleine Teilaufgaben zu zerlegen. Ich möchte dir daher anhand dieses Buches hier zeigen, wie ich dabei vorgehe.

Wichtig dabei zu erwähnen ist noch, dass ich nicht mit Tages-To-do-Listen arbeite. Für meinen Bereich reicht mir auch eine Wochen-To-do-Liste völlig aus.

Zunächst einmal durchstöbere ich meine ganzen Projekte und arbeite, wie ja schon in meiner Monatscheckliste erstellt, alle Schritte heraus, die ich im kommenden Monat erledigen will.

Hier zum Beispiel meine Monatsliste für den August:

Selbstmanagement-Kurs:

- [ ] Drehbuch für GTD-System schreiben
- [ ] Drehbuch für Extra-Tooltipps schreiben
- [ ] Text für Grundausstattung schreiben
- [ ] Drehbuch für "Entrümpeln mit Evernote" schreiben
- [ ] Brainstorming "5 Phasen der Projektplanung" durchführen

Evernote Buch:

- [x] Einleitung
- [x] Die INBOX
- [x] Meine Ideen & Inspirationen
- [x] Die Materialsammlung
- [x] Meine laufenden Projekte
- [x] Immer diese Wartezeiten (WartenAuf)
- [x] Wo bin ich und was kann ich da abarbeiten? (Kontext)
- [x] Lesestoff (ToRead)
- [x] Mit Checklisten zum Erfolg
- [x] Uuuuund Action
- [x] Termine, Termine
- [x] Büro entrümpeln mit Evernote
- [ ] Das private Notizbuch (Bonus bei 5*-Bewertung) VIDEO
- [ ] Extra-Tools (Bonus bei 5*-Bewertung) VIDEO
- [ ] Buch zur Korrektur versenden
- [ ] Internetseite mit benötigten Materialien für Evernote erstellen
- [ ] Meine ToDo-Listen als Bonusmaterial zum Download bereit stellen
- [ ]

Blog:

- [ ] Experten Roundup erstellen
- [ ] Startseite erstellen 7 Sekunden Pitch
- [ ] In jedem Artikel: Zum Einüben neuer Gewohnheiten ist es sinnvoll eine Routine einzuführen!
- [x] Podcast 03.08.: 7 effektive Wege wie glückliche menschen denken015.pdf
- [x] Podcast 10.08.: Mastermind Groups and Mentors – Why You Need Them and How to Find Them
- [ ] Podcast 17.08.: werte
- [ ] Podcast 24.08.: Was du von John Wooden lernen kannst (Pyramide des Erfolgs)
- [ ] Podcast 31.08.: Glaubenssätze
- [x] Artikel 07.08.: Zum Einüben neuer Gewohnheiten ist es sinnvoll eine Routine einzuführen!
- [x] Artikel 14.08.: Selbsthypnose
- [ ] Artikel 21.08.: Schritt in die Freiheit wagen
- [ ] Artikel 28.08.: Ideen für evernote verwendung

Privat:

- [x] Abstellraum (Büro) aufräumen
- [x] Abstellraum (Vorzimmer) aufräumen
- [ ]

Hier siehst du also, was ich mir mit diesem Buch im August vorgenommen habe (zumindest einen Teil davon). Im Prinzip habe ich den ganzen August Zeit, es zu schreiben und die Bonus-Videos (dazu kommen wir später noch) zu erstellen.

Nun, da ich also weiß, was ich im ganzen August zu tun habe, habe ich nun Woche für Woche die Möglichkeit mir diese Arbeit aufzuteilen, um wirklich Ende August fertig zu werden. Die genaue wöchentliche Einteilung passiert dann im Zuge des Durcharbeitens der Wochencheckliste.

Ich erstelle mir also für die kommende Kalenderwoche eine Liste:
Zuerst trage ich alle meine Termine in diese Notiz ein. Dann kann ich abschätzen, wie viel Zeit mir bleibt, um mich um meine Projekte zu kümmern. Weiß ich das, vergebe ich zu den einzelnen Schritten noch Blockzeiten. Das bedeutet, ich setze mir für jeden Schritt ein Zeitlimit, damit ich mich auch wirklich auf das Wesentliche konzentriere (mehr zu diesem Thema findest du in meiner vierten Podcast-Folge: http://selbst-management.biz/podcast-004/)

Kalenderwoche 31

Tahoma | 10

Montag
07.00-16.00 Oma
17.00-20.00 Mentaltraining + Life-Kinetik Stadlau
21.00-22.00 Laufen

Dienstag
09.00-10.00 Dienst
20.00-21.00 Training Alianza
- [x] Minis: Fenster, Mentaltraining Sascha, Amazon Rezension!
- [x] 1 Stunde iTundes Rezension und Bewertung
- [x] 16.30-18.30 Recherche und Schreiben neuer Artikel
- [x] 1 Stunde Monatsplanung August

Mittwoch:
10.00-12.00 Fitnesscenter
16.00-18.00 Dominik RK
- [x] 1 Stunde Neuen Artikel online stellen + Social Media
- [x] 2 Stunden Evernote Buch
- [x] 1 Stunde Podcast 005 produzieren
- [x] 1 Stunde Newsletter aussenden

Donnerstag:
08.00-11.00 Putzfrau
17.00-19.00 Fitnesscenter
19.00-21.00 Training Alianza
- [x] 1 Stunde Experten-Roundup
- [x] 2 Stunden Evernote-Buch
- [x] 1,5 Stunden Recherche neuer Artikel und schreiben

Freitag
09.00-10.00 Dienst
- [x] 30 Minuten Trainersitzung Aspern
- [x] 2 Stunden Monatsabrechnung + Steuer
- [x] 30 Minuten Experten Roundup
- [x] Korrekturlesen von Evernote-Buch und Artikel

Samstag:
10.00-12.00 Trainersitzung
12.00-14.00 Fitnesscenter
FREIER TAG

Sonntag:
09.00-10.00 Dienst
- [x] 1 Stunde Fazit für Selbstmanagement hinzufügen
- [x] 1 Stunde Reisetool von Ralf und E-Mail an Wjsia
- [x] 1 Stunde Neu hier Seite erstellen
- [x] 1 Stunde Podcast Interview Ceranak

Auf dieser Liste siehst du einerseits meine fixen Termine, die gleich unter dem jeweiligen Wochentag stehen. Im Anschluss kommen dann die jeweiligen To-do's, die ich bei der Wochenplanung aus der Monatsliste übernommen habe.

Ja, und dann geht es an die Ausführung jedes einzelnen Schrittes. Wichtig ist dabei zu bedenken, dir genügend Reservezeiten einzuplanen. Ich verplane immer maximal 50 % meiner freien Zeitressourcen, denn meistens kommen auch immer wieder unvorhergesehene Dinge dazwischen. Aufgrund dieser 50 % freien Ressourcen habe ich mir aber den Druck auferlegt, wirklich alles, was ich mir vorgenommen habe, auch umzusetzen. Und das funktioniert sehr gut.

Also kein Streichen, kein Aufschieben, kein Verschieben! Das, was auf dieser Liste steht, wird auch erledigt!

12 Termine, Termine

Klarerweise gehört zu so einem gut funktionierenden System natürlich auch ein gut funktionierender Kalender. In diesem Kalender werden alle terminbezogenen Dinge notiert.
Ich persönlich verwende und empfehle auch den Google-Kalender. Der ist gratis, alles, was man tun muss, ist sich unter http://mail.google.com eine E-Mail-Adresse anzulegen und schon hat man auch Zugriff auf den Kalender. Der große Vorteil: Du hast dann sowohl via Computer als auch über Tablets und Smartphone jederzeit und überall Zugriff auf deine Termine.

Was notiere ich alles in diesem Kalender:

Termine zu Projekten:
Bei deinen laufenden Projekten werden vermutlich auch Termine anfallen. Diese musst du natürlich irgendwo speichern, um sie nicht zu vergessen. Für mein Podcast-Projekt habe ich zum Beispiel für die kommenden Folgen einige Interviews geplant. Die Termine dafür trage ich mir in meinen Kalender ein.

Private Termine:
Auch die gehören natürlich verwaltet. Wirst du ja ohnehin bisher auch schon gemacht haben. Es ist aber sehr empfehlenswert, alle Termine an einem einzigen Ort zu verwalten.

Ich kenne Menschen, die noch mit dem alten Filofax herumlaufen und parallel dazu auch am Computer oder Smartphone einen Terminkalender führen. So etwas kann auf Dauer aber nicht gut gehen.
Also, egal ob Arzttermin, Friseurtermin oder die Schulaufführung des Kindes, auch alle privaten Termine kommen in diesen Kalender.

Berufliche Termine:
egal ob Besprechungen, Vorträge, Seminare, Meetings oder sonstige Firmenveranstaltungen. Alles rein damit in den Kalender.

Erinnerungen:
Erinnerungen an Geburtstage, Jahrestage, Todestage und Termine, die du auf keinen Fall vergessen darfst. Auch die kommen in den Kalender.

WartenAuf-Termine:
Kannst du dich noch an unser WartenAuf-Notizbuch erinnern? Vor allem, wenn du Arbeiten outsourcst oder an deine Mitarbeiter delegierst, ist der Kalender ein wichtiges Hilfsmittel, um alle Deadlines im Auge zu behalten.

Wiederkehrende Termine:
Das betrifft vor allem die Wochencheckliste, aber auch die Monatscheckliste. Du kannst dir im Google-Kalender auch diese sich in regelmäßigen Intervallen wiederkehrenden Termine speichern. Ich habe mir zum Beispiel jeden Samstag um 9 Uhr die Erinnerung an meine Wochencheckliste eingespeichert.

Daran die Monatscheckliste durchzuführen, werde ich an jedem 26. des Vormonats erinnert.
Alle drei Monate bekomme ich eine Erinnerung, dass es wieder einmal an der Zeit ist, meine Fitnessübungen durch neue zu ersetzen.

Ein weiterer Vorteil des Google-Kalenders ist, dass du einzelne Unterkalender erstellen kannst. Diese werden dann in unterschiedlichen Farben angezeigt. Du kannst also alle deine projektbezogenen Termine in Blau darstellen lassen, deine privaten in Grün, deine beruflichen in Rot und so weiter.

Am Ende des Buches erhältst du Informationen, wie du zu einem Video kommst, in dem ich dir zeige, was mit dem Google-Kalender alles möglich ist.

13 Büro entrümpeln mit Evernote

Wann immer du ein neues Ordnungs-System installierst, bedeutet das natürlich einen gewissen Arbeitsaufwand. Daher solltest du dir für die Umstellung auf Evernote zumindest zwei ganze Arbeitstage reservieren.

Wie lange du tatsächlich brauchst, hängt natürlich sehr davon ab, wie viel Material du in Evernote speichern willst. Es ist jedoch enorm wichtig, dass du dich in dieser Zeit wirklich abschottest und keine anderen Termine wahrnimmst. Bei vielen meiner Klienten hat es sich als sinnvoll erwiesen, diese Arbeit am Wochenende durchzuführen.

13.1 Eine riesengroße Inbox

Im ersten Schritt holst du einmal eine große Schachtel oder Kiste, in die du das gesamte Material verfrachten kannst. Ich hatte so viel Material, dass das gar nicht in Kisten oder Schachteln ging, also legte ich mir einen Teppich hin, auf dem ich das gesamte Material platzierte.

Ich habe da wirklich alles zusammengetragen: Von handschriftlichen Notizen, über ausgedruckte Office-Dokumente, bis hin zu Versicherungspolicen. Also einfach alles, was in meinem privaten Büro in Laden, Kästen und Regalen herumlag.
Keine Sorge, das hat natürlich nicht alles seinen Weg in Evernote gefunden.

13.2 Der Organisationsablauf

In dieser Grafik hier unterhalb habe ich dir den Organisationsablauf schematisch dargestellt:

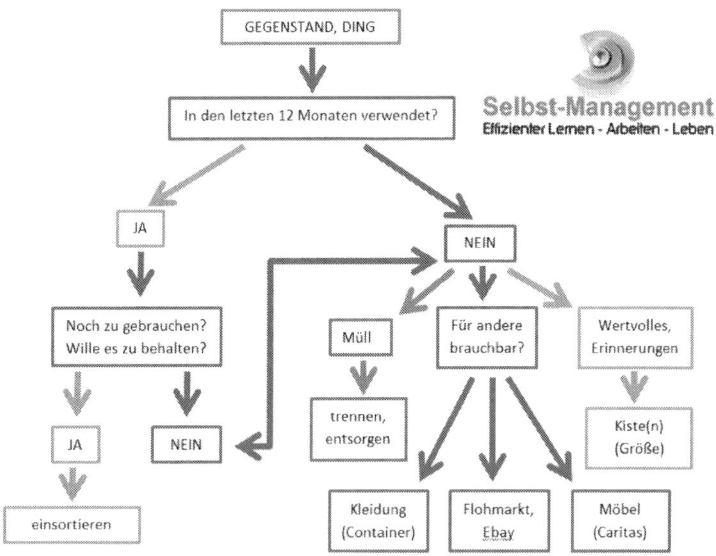

Nachdem nun also alles in Kisten, Schachteln oder wie bei mir auf einem Teppich vor dir liegt, musst du jetzt jedes einzelne Ding in die Hand nehmen und dir folgende Gedanken dazu machen:

Habe ich dieses Ding in den letzten 12 Monaten zumindest einmal verwendet, in der Hand gehabt oder die betreffende Information brauchen können?
Falls ja: Ist es noch zu gebrauchen oder wirst du es zukünftig noch brauchen können? Falls du diese Frage ebenfalls mit Ja beantworten kannst, dann hast du hier etwas in der Hand, das du in Evernote (sofern möglich) abspeichern kannst oder anderweitig archivierst. Du kannst diese Dinge entweder in eine Extra-Schachtel geben und dann alles in einem Ruck in Evernote abspeichern (so habe ich das gemacht) oder du kannst das Ding auch sofort in Evernote speichern.
Solltest du das Ding in den letzten 12 Monaten nicht gebraucht haben und es auch zukünftig nicht mehr brauchen können, dann gibt es drei Möglichkeiten:

Es handelt sich um Müll:
Dann entsorge es!

Du kannst es zwar nicht mehr benötigen, es ist für andere aber noch brauchbar:
Dann spende es oder mach es zu Geld!

Wenn es sich dabei um Wertvolles oder Erinnerungen handelt:
Dann verstau es in Kisten und lagere es!

Das war es auch schon, so einfach ist das. Und genau diese Schritte machst du jetzt mit allen Dingen, die da so vor dir liegen.

Hier kurz ein paar Beispiele dazu:

- Die letzte Versicherungspolice meiner Lebensversicherung:
- Habe ich den letzten 12 Monaten in der Hand gehabt? JA
  Kann ich noch gebrauchen? Will ich behalten?
  JA
  Dann ab in den Scanner und Upload zu Evernote!

- Eine Adressliste von Verlagen, die ich für die Veröffentlichung dieses Buches anschreiben könnte:
  Habe ich den letzten 12 Monaten in der Hand gehabt? **JA**
  Kann ich noch gebrauchen? Will ich behalten?
  JA
  Dann ab in den Scanner und Upload zu Evernote!

- Eine handschriftliche Notiz von einer Fortbildung aus dem Jahr 2009:
  Habe ich den letzten 12 Monaten in der Hand gehabt? **NEIN**
  Die Informationen darauf sind veraltet.
  Ab in den Müll!

- Ein Laptop, das du schon über ein Jahr nicht mehr verwendet hast:
  Habe ich den letzten 12 Monaten in der Hand gehabt? **NEIN**
  Für andere noch zu gebrauchen? **JA**
  Ab damit auf eBay!

- Fotos der letzten Weihnachtsfeier mit deinen netten Arbeitskollegen:
  Habe ich den letzten 12 Monaten in der Hand gehabt? **NEIN**
  Ist es für dich persönlich wertvoll oder eine schöne Erinnerung? **JA**
  Ab damit in eine Kiste für schöne Erinnerungen oder aber einscannen und ab zu Evernote damit!

Ich denke, das sind genügend Beispiele, um zu verstehen, was ich mit dieser Grafik verdeutlichen will. Also sammel einmal alles in einer großen Inbox, richte dir dann noch vier Kisten her und lege los:

Die vier Kisten sind für:

Dinge, die zu archivieren sind:
Da kommt alles rein, das archiviert gehört. Egal ob in Evernote oder in Ordnern.

Müll:
eine Kiste oder einen Müllsack für den gesamten Müll. Hier der Umwelt zuliebe nicht die Mülltrennung vergessen.

Für andere brauchbar:
Eine Kiste, in die alles kommt, das für andere noch brauchbar ist. Ganz egal ob du es noch zu Geld machen kannst oder ob du es karitativen Zwecken zukommen lässt.

Wertvolles, Erinnerungen:
Eine Kiste für deine Wertsachen und deine Erinnerungsstücke.

Und jetzt viel Spaß beim Ausmustern und Archivieren!

14 Bonusmaterial

14.1 Mein privates Notizbuch

Hier zeige ich dir, wie ich meine ganz privaten Dinge mit Evernote manage.

14.2 Extra-Tools

Hier geht es um Tools, die du super mit Evernote kombinieren kannst:

Google-Mail:
Verbinde alle deine E-Mail-Adressen an einem einzigen Ort.

Google-Kalender:
Alles zum Google-Kalender-Tool: Wie erstellt man Kalender? Wie trägt man Termine ein? Wie verschiebt man Termine? Wie veröffentlicht man Termine?

Dropbox, Skydrive, Box:
Cloud-Dienste, die du sehr gut mit Evernote kombinieren kannst!

14.3 Wie bekomme ich dieses Bonusmaterial?

Es handelt sich bei diesem Bonusmaterial um Videos, in denen ich dir die oben erwähnten Punkte genau erkläre. Du kannst dir diese Videos auf jedem Computer oder Smartphone ansehen.

Wie du diese Videos erhältst, erfährst du auf dieser Seite:

http://selbst-management.biz/bonusmaterial-emlmt/

15 Gratis Evernote-Videokurs

Wie versprochen ist in diesem Kurs ein gratis Videokurs inkludiert, in dem ich dir genau erkläre wie alle technischen Abläufe mit dem Programm und der App Evernote funktionieren.
Zu den Videos kommst du indem du diesen Link hier folgst:

http://selbst-management.biz/evernote-tutorial-videokurs/

Das Passwort um die Videos zu sehen lautet:

„bestsellerkurs"

Viel Spaß mit den Videos!

16 Evernote – mein Life-Management-Tool

Nun ist es Zeit für eine Schlussbemerkung, denn du bist am Ende dieses Buches angekommen. Zunächst einmal möchte ich mich recht herzlich bei dir bedanken, dass du bis zum Ende durchgehalten hast.

Ich hoffe, dieses Buch hat dir einen Mehrwert gebracht. Ich kann mit Fug und Recht behaupten, dass Evernote meine Selbstorganisation und mein Selbstmanagement massiv verbessert hat. Ich kann und möchte mir ein Leben ohne Evernote gar nicht mehr vorstellen!

Ich bin der festen Überzeugung, ganz egal welchen Beruf du ausübst oder welcher Berufung du folgst, Evernote kann auch dir massiv helfen.
Wenn das Buch dir geholfen hat und du einen Mehrwert daraus generieren konntest, dann würde ich mich über eine 5-Sterne-Rezension bei Amazon sehr freuen!

Solltest du Fragen, Wünsche, Beschwerden oder Anregungen zum Buch haben, dann bitte ich dich mit mir in Kontakt zu treten. Ich bin für Kritik und neue Ideen immer offen (office@thomas-mangold.com).
Weitere Informationen zum Thema Selbst-Management findest du auf meinem Blog

http://selbst-management.biz/

und auf meinem Podcast

https://itunes.apple.com/at/podcast/id680138703

Nochmals vielen Dank für das Lesen dieses Buches und ein erfolgreiches und produktives Leben wünscht dir,

Thomas Mangold

17 Lesenswerte Literatur

Crara Colon, Chaos to control – a practical guide getting things done, Orpen Press, 2013

Brian Tracy, Das Maximum-Prinzip, Campus Verlag GmbH, 2003

Herbert Hertramph, Mit Evernote Selbstmanagement und Informationsmanagement optimieren, mitp, 2012

18688519R00054

Printed in Poland
by Amazon Fulfillment
Poland Sp. z o.o., Wrocław